Inhaltsverzeichnis

Warnung

Dieses Dokument enthält Informationen, die nur zur Unterhaltung bestimmt sind. Für Konsequenzen, die durch das Nutzen der hierin enthaltenen Informationen entstehen können, können weder die Autoren noch der Herausgeber haftbar gemacht werden. Der Autor empfiehlt die Nutzung der psychomagischen Verführung nicht für jegliche unerlaubte und unmoralische Handlungen.

Laut Umfragen des Autors finden Anwender die spirituellen Verführungstechniken ebenso effektiv wie die neurolinguistischen und hypnotischen.

Hochstrittige und kontroverse Techniken der übersinnlichen Verführung beinhaltend, dient dieses Buch lediglich dazu, geheimes Wissen als Form der Unterhaltung ans Licht zu bringen. Keineswegs ermutigen die Autoren den Gebrauch dieser Techniken, um sich des freien Willens anderer zu bemächtigen. Ihnen als Leser wird ans Herz gelegt, notwendige Besonnenheit zu üben und Ihre persönlichen ethischen Maßstäbe anzusetzen. Die diskutierten Methoden können in einem guten und schlechten Bewusstsein verwendet werden, es liegt allein in Ihrer Verantwortung, wie Sie sie gebrauchen.

Sollten Sie sich dazu entschieden haben, eine der aufgezählten Taktiken anzuwenden, so werden Sie am Ende des Buches ein tiefes Verständnis für die Struktur der psychomagischen Verführung gewonnen haben, das Ihnen mitunter erlaubt, Gefühle der Anziehungskraft zu erwecken. Dies ist keine Kraft, die leicht genommen werden sollte. Gebrauchen Sie diese stets weise und vergegenwärtigen Sie sich immer das Gesetz des Karmas:

Was Sie geben, werden Sie bekommen!

Die Autoren
Der göttlichen Macht in Ihnen gewidmet.

Einleitung

Herzlichen Glückwunsch zu Ihrer Entscheidung hinter den Vorhang der Ihnen bekannten Realität zu blicken und einst geheime Techniken für Ihre Selbstverwirklichung auf allen Ebenen des Seins zu nutzen! Sie werden noch nie etwas Merkwürdigeres gelesen haben als dieses Buch. Und Sie sind auf dem Weg zur Selbstmeisterschaft!
Die Magie der übersinnlichen Verführung und Kontrolle: Dies ist die ultimative Kraft. Stellen Sie sich vor, wie Sie in einen Raum treten und enormes Charisma verströmen. Fühlen Sie, wie Sie in den Blicken vieler bewundernder, neidischer Augen baden. Was würden Sie geben, um eine solche Aura verströmen zu können?

Bemerken Sie, wie es manche Menschen „einfach zu haben“ scheinen? Viele von Ihnen haben seltsamerweise ein durchschnittliches Aussehen, ihre Art sich zu kleiden mag unauffällig sein und physisch haben sie wenig bemerkenswerte Eigenschaften. Doch irgendwie ... zieht eine Magie der Anziehung, des Charmes, dominierender Sexualität andere an wie Fliegen zum Honigtopf. Diese Männer und Frauen sind von Natur aus mit geistigen Kräften ausgestattet, die andere auf unterbewusster Ebene zu ihnen ziehen. Diese Magie ist eine Fähigkeit, die erlernt werden kann!

Die Techniken und Anweisungen, die Ihnen in diesem Buch offenbart werden, kann diese Kraft entfesseln! Der Grundgedanke, dass Sie die Kraft, die Ihre Realität gewaltig verändern wird, bereits innehaben, ist bei genauerem Hinsehen sehr plausibel. Dies wurde schon länger als wahr erachtet, als Sie ahnen mögen. Aber warum haben Sie dann nicht schon früher davon gehört? Nun, es existiert eine Fülle von möglichen Gründen, warum dieses wertvolle Wissen Ihnen nicht in die Hände gefallen ist.

Einige Gründe dürften in der Heimlichkeit okkulter Vereinigungen, horrend überteuerter Kurse und Vorträge und unter dem Deckmantel der Religionen agierender Systeme liegen.

Unglücklicherweise sind die Fähigkeiten der Geisteskraft aus den vorher erwähnten Gründen in hohem Maße unterentwickelt geblieben. Größtenteils hat dies auch heute noch Bestand, da mystisches Wissen bis vor kurzem als nicht mehr zeitgemäß galt, in der heutigen Zeit jedoch mehr und mehr neu wieder entdeckt wird.

Die Gesellschaft kann das bisher Unerklärliche nicht mit der wissenschaftlichen Welt vereinbaren. Dies sind die Torheit der Menschheit und der Urgrund für den schleppenden Fortschritt vergangener Jahrhunderte. Wissenschaftler des alten Schlags wurden als Spinner, Magier oder Verrückte abgetan, nur weil die Kräfte, die sie erforscht haben, größtenteils unsichtbar waren und missverstanden wurden. Es brauchte Äonen um Akzeptanz für jene Theorien zu erreichen, die wir jetzt für selbstverständlich nehmen wie Schwerkraft, die Existenz von Radiowellen und die nachweislich heilsame Wirkung von Akupunktur. Heutzutage unterscheiden wir uns kaum von den kurzsichtigen Menschen der Vergangenheit. Das Wissen erweitert sich, aber der Geist stellt sich neuen Fragen mit alten Überzeugungen. Wir schließen unsere Augen in Skepsis gegenüber Kräften, die sich außerhalb unserer Erfahrungswelt befinden.

Außersinnliche Wahrnehmung, Magie, Gedankenwellen, Geistheilung, Psychokinese und Parapsychologie sind noch viel Spott und Ungläubigkeit ausgesetzt. Doch sehr wahrscheinlich gehören in Zukunft Magie, Gedankenwellen und menschliche Frequenzen auch zur alltäglichen Wissenschaft.

Die Macht des Geistes

Der Geist hat Millionen von Gedanken und Ideen hervorgebracht, die unsere Welt formten, folglich sind Gedanken eine mächtige und schaffende Kraft! Was Sie im Stande sein werden zu tun, nachdem Sie dieses Buch gelesen haben, ist eine gesteigerte geistige Fähigkeit zu benutzen, um Realität allein durch die Macht ihrer Gedanken zu gestalten. Dies ist die letzte Absicht, warum Sie dieses Buch gekauft haben: Andere und Ihre Umwelt zu beeinflussen. Sobald Sie gelernt haben, wie Sie die Kraft Ihrer Gedanken entfesseln, werden Sie zunächst zwar nur feine aber wunderbare Veränderungen in Ihrem Leben entdecken.
Die Erhöhung Ihrer geistigen Energie wird durch eine grundlegende Fähigkeit bewerkstelligt: Bewusstseinserweiterung. Sie müssen sich über Ihr wahres Selbst und Ihre Wirklichkeit, in der Sie leben, bewusst werden. Ein entwickeltes Bewusstsein ist von entscheidender Wichtigkeit für jegliche psychisch induzierte mentale Einflussnahme. Durch das ganze Handbuch wird sich die Entwicklung Ihrer Konzentration und Imaginationsfähigkeit ziehen. Diese Fachkenntnisse sind die Grundlage der Gedankenkontrolle! Wenn Sie diese elementaren Fähigkeiten vollendet haben, werden Sie lernen, wie man die inneren Sinne des Hörens, der Berührung und des Riechens aktiviert und verstärkt, um weiter die Kontrolle zu intensivieren, die Sie über Ihre verborgenen Kräfte besitzen.

Testen Sie Ihre energetischen Fähigkeiten

Ein Beitrag von Stefan Strecker

Dieser sehr einfache Test wird Ihnen sehr anschaulich demonstrieren, welche energetischen Fähigkeiten Sie bereits besitzen – noch bevor Sie diese durch gezieltes Training steigern werden. Sie benötigen so gut wie keine Zeit und es gibt Ihnen eine erste (Selbst-)Sicherheit in Ihr Können. Je weniger die Fähigkeiten ausgebildet sind, die Energiemenge und den Fokus auf das Ziel zu konzentrieren, umso länger werden Sie benötigen, um ein Ergebnis wahrzunehmen. Dies liegt daran, dass nur wenig Energie konzentriert fließt und das meiste zerstreut wird. Dies gleicht ihren ersten Versuchen als Kind, aus einem Glas zu trinken. Es benötigt wesentlich mehr Zeit, Konzentration und Anstrengung, um die ersten Schlucke nehmen zu können und viel ging daneben. Mit der Übung jedoch wird sich auch ein energetischer Prozess automatisieren und Sie können fähig werden, diesen in der Zukunft mit derselben Leichtigkeit zu handhaben, wie Sie heute aus einem Glas trinken.

Für diese Übung benötigen Sie eine Pflanze mit leicht dickeren Blättern. Ein Ficus zum Beispiel ist dafür sehr geeignet.

1) Nehmen Sie zwei frische Blätter, die in der Größe, Dicke und der sonstigen Beschaffenheit identisch sind. Brechen Sie die Blätter nah am Ast ab, um die grüne Oberfläche nicht mit den Fingern zu berühren. Unsere Haut ist mit einer natürlichen leicht sauren Schutzschicht ausgestattet, die die Blätter auf längere Sicht beschädigen würde und so das Ergebnis verfälschen kann.
2) Platzieren Sie die Blätter an einem Ort in Ihren Räumlichkeiten, der von den Witterungsverhältnissen neutral ist, also nicht auf Ihre Heizung (übergroße Hitzeeinwirkung) im Bad (zu viel Feuchtigkeit), sondern vielleicht auf einer schattigen Fensterbank in Ihrem Wohnzimmer. Es muss ein Platz sein, an dem Sie sie für zwei bis drei Wochen unproblematisch liegen lassen können. Beide Blätter sollten so weit voneinander entfernt sein, dass Sie zeitgleich nur eines davon in Ihrem Sichtfeld haben.
3) Wann immer Sie von nun an zufällig an den Blättern vorbei kommen, senden Sie Energie für ein paar Augenblicke. Dies ist einfacher als Sie vielleicht vermuten und Sie müssen im Vorbeigehen dafür nicht extra stehen bleiben. Energieaussendung geschieht im Anfangsstadium folgendermaßen: Wählen Sie ein Blatt, zu dem Sie ab sofort nur Wertschätzung, Liebe, Ekstase, Anerkennung, Reinheit, ein ehrlich gemeintes Lächeln, eine Bewunderung seiner Schönheit und ähnliche Emotionen senden, die wir in der Regel als „positiv“ bezeichnen. Dem anderen Blatt senden Sie das genaue Gegenteil: Verachtung, Missachtung, Hass, Verderbtheit, Ekel, einen Gedanken an seine Hässlichkeit und ähnliche Emotionen, die wir in der Regel als „negativ“ bezeichnen. Versuchen Sie dabei die jeweilige Emotion zu empfinden. Es kann hilfreich sein, sich zeitgleich einen Augenblick in Erinnerung zu rufen, der für Sie symbolisch für die Emotion steht. Für die „positive“ Emotion können Sie an Ihren liebsten Menschen denken oder an den schönsten Augenblick Ihres

letzten Urlaubs. An ein Gericht oder eine Person, die Sie widerwärtig finden, für die „negative" Emotion. Achten Sie besonders darauf, den Blättern getrennt voneinander Energie zu senden. Würden Sie sofort nach dem Aussenden der Liebesenergie zum zweiten Blatt wechseln, erhält dieses ebenso auch einen Teil dieser Energie – was dem Experiment entgegen wirkt. Die Hormone, die Sie dabei in Ihrem Körper aktivieren, brauchen einige Momente, um abgebaut zu werden; so dass Sie frei werden für die gegensätzliche Emotion.

4) Beobachten Sie, wie die Blätter sich beim Trocknen verhalten. Widerstehen Sie der Versuchung immer wieder einmal „nachzufühlen" und die Blätter zu berühren. Nach einiger Zeit, je nach Dicke und Beschaffenheit der von Ihnen gewählten Blätter, sobald diese so gut wie ausgetrocknet zu sein scheinen, benutzen Sie alle Sinne, um das Ergebnis zu überprüfen: Wie unterschiedlich sehen sie aus? Erkennt man beim Anfassen einen Unterschied? Hat eines von beiden womöglich einen anderen Geruch?

Erklärung der Aufstellung

Wenn Sie nur sehr dünne Blätter zur Verfügung haben, kann das Austrocknen so schnell geschehen, dass Sie kaum oder gar keinen Effekt bemerken werden. Sind die Blätter zu dick, dauert dieser Test möglicherweise mehrere Wochen, wodurch oft die Motivation nachlässt und Sie deshalb nicht zu einem überprüfbaren Ergebnis kommen.
Haben Sie beide Blätter gleichzeitig im Sichtfeld und nah aneinander platziert, kann sich die von Ihnen ausgesendete Energie, gerade als Anfänger, nicht isoliert voneinander auswirken, sondern wird das andere mit beeinflussen, wodurch das Ergebnis sich weniger ausprägt.

Variation der Aufstellung

Nehmen Sie immer zwei identische Exemplare verschiedener Pflanzenteile, auch Essbares, und legen sie alles auf je einen Haufen. Beobachten Sie die Veränderung der unterschiedlichen Teile, probieren Sie am Ende des Experiments auch die essbaren Pflanzen und entdecken Sie ihren andersartigen Geschmack.

Machen Sie sich nachher Gedanken zu folgendem: da Sie täglich eine gewisse Menge an Flüssigkeit und fester Nahrung zu sich nehmen, wie muss sich der Effekt, den Sie bei den Blättern und den essbaren Pflanzen erzielt haben, auf die Nahrung, die Sie zu sich nehmen auswirken und was bedeutet das für die Gesundheit Ihres Körpers, wenn Sie sie anschließend verzehren? Und: da Ihr Körper ebenfalls aus organischem Material besteht: wie würde sich eine jeweilige „positive" und „negative" Energetisierung auswirken, wenn Sie sie nicht auf Externes wie ein Ficus-Blatt, oder nur über den Umweg der Nahrungsaufnahme, sondern direkt auf Ihren Körper anwenden? Mit welchen anderen wertneutralen, objektiven Worten können Sie „positiv" oder „negativ" austauschen?

Falls Sie sich für weitere Informationen interessieren sollten, empfehle ich Ihnen die Bücher von Masuru Emoto, der mit der Kristallisation von unterschiedlich energetisiertem Wasser experimentierte und erstaunliche Bilder dazu veröffentlicht hat.

Was ist Materie?

Sie werden nun etwas erfahren, dass Sie vermutlich für unglaublich halten werden. Das nun Folgende ist zwar schon lange eine spirituelle, seit neuester Forschung jedoch auch eine wissenschaftliche Erkenntnis:

Materie[1] existiert nicht!

All das, was Sie um sich herum wahrnehmen können, ist in seinen kleinsten Bestandteilen immer aus demselben Stoff aufgebaut: Atomen. Bei näherem Hinsehen bestehen Atome aus drei kleineren Teilchen: Protonen, Neutronen und Elektronen. Über 99% der Ausdehnung von Atomen wird aber durch etwas vollkommen Anderes bestimmt: NICHTS! Der Raum zwischen dem Atomkern und den umkreisenden Elektronen ist gewaltig im Vergleich zur eigentlichen Masse der Teilchen. Nichts als Energie hält dieses Konstrukt zusammen. Lange dachte man, man hätte die kleinsten Bausteine der Materie entdeckt, bis die Theorie der Quarks aufgestellt wurde. Es zeigte sich, dass diese bisher kleinsten Atomteilchen aus noch kleineren bestehen, den Quarks, die ein eigenartiges Verhalten zeigen. Doch damit noch nicht genug, denn selbst diese bestehen aus sogenannten Strings. Strings kann man sich jedoch immer noch nicht als handfeste Materie vorstellen, sondern vielmehr wie Gitarrensaiten aus Energie, die in einer bestimmten Frequenz schwingen. Somit besteht ein Atom im Grunde aus viel Nichts mit ein wenig schwingender Energie also im Grunde nichts, was man wirklich als Materie bezeichnen könnte. Der Stuhl auf dem Sie sitzen, das Buch, welches Sie gerade in der Hand halten, die Luft, die Sie atmen, Ihre Lieblingsspeise, all das besteht aus nichts als Energie oder vielmehr Energie mit viel Nichts dazwischen so wie Sie auch selbst als Mensch. Betrachten Sie einmal Ihre Hand... drehen Sie sie jetzt auf die andere Seite. Alles, was sie zusammenhält ist Energie und Ihr Hauptbestandteil ist Nichts! Könnte man die Energie, die Ihre Hand zu „Materie“ formt nutzen, würde Sie mehr Energie liefern als alle Atomkraftwerke der Welt zusammen. Wenn Sie jetzt von diesem Buch aufblicken, stellen Sie sich vor, von welch immenser Energie Sie umgeben sind, da nichts Anderes um Sie herum existiert als Energie!

---

[1] Definition für Materie: Die außerhalb unseres Bewusstseins vorhandene Wirklichkeit im Gegensatz zum Geist.

Die Wunderfrage

Ein Beitrag von Stefan Strecker

Die nun folgende Frage gewissenhaft zu beantworten, ist die wohl bedeutendste Übung, die Sie in diesem Buch finden werden. Wenn Sie sich bei diesem Abschnitt einige Augenblicke mehr konzentrieren, werden Ihnen alle nachfolgenden Techniken immens leichter fallen! Stellen Sie sich vor, Sie schlafen heute Abend ein und über Nacht geschieht ein Wunder und Sie sind ab dem nächsten Tag fähig, nur durch die Macht der Entscheidung und mithilfe Ihres Geistes all das zu tun, was Sie sich wünschen. Das Wunder ist geschehen, da Sie aber geschlafen haben, sind Sie sich dessen nicht bewusst!

Woran erkennen Sie, dass das Wunder geschehen ist? Wie nehmen Sie sich selbst und Ihre Umwelt, sowie Ihren Einfluss darauf anders wahr? Nehmen Sie sich Zeit, um mindestens drei Antworten, drei neue Wahrnehmungen zu finden!

Woran erkennt Ihre Familie, erkennen Ihre Freunde und Arbeitskollegen, dass sich etwas in Ihnen verändert hat? Nehmen Sie sich wiederum Zeit, um mindestens drei Antworten, drei neue Wahrnehmungen zu finden!

Wie gut fühlen Sie sich in diesem Gedanken? Ich bin sicher, sehr gut! Genießen Sie die letzen Eindrücke noch einen Augenblick und konzentrieren Sie sich auf die nun folgende Kunst, Ihr Leben durch die Macht Ihrer Gedanken zu meistern! Wenn Sie es verpasst haben, diese Fragen wirklich zu beantworten, haben Sie niemand anderen als sich selbst betrogen. Kehren Sie zu den Fragen zurück, sobald Ihr Gewissen und der Drang die Informationen dieses Buches zu meistern, es Ihnen befiehlt. Wenn Sie an weiteren mächtigen Techniken zur direkten Wunscherfüllung interessiert sind, empfehle ich Ihnen die „Kraftfeld-Technik“ in dem Buch „Muster der Verführung“ und den Besuch eines Seminars von SEROS.

Verborgene Frequenzen

Es ist wichtig zu verstehen, dass mehr um Sie herum vor sich geht, als Sie sich bewusst sind.
Um dies klarer zu machen, hier eine Illustration: Innerhalb Ihres Glaubenssystems beeinflusst Sie vieles, das Sie nicht sehen können. Sie denken nicht über diese Dinge nach; und dennoch bejahen Sie ihre Existenz. Zum Beispiel nehmen Sie Aromen wahr, können jedoch nicht den Duft sehen, wie er in der Luft weht. Sie machen es sich vor dem Fernseher gemütlich, können aber die Radiowellen nicht sehen, die Ihre Antenne empfängt. Sie können Musik aus Ihrer HiFi-Anlage spielen lassen, doch nicht die Vibrationen in der Luft, durch die der Schall sich überträgt, mit Ihren Augen erkennen.
Sie können diese Dinge nicht im alltäglichen Leben mit Ihren physischen Augen sehen, aber ein Teil von Ihnen ist sich dieser scheinbar unsichtbaren Dinge bewusst.
Ist es nicht merkwürdig, dass Sie nicht fähig sind, viele Dinge um Sie herum sehen zu können? Nichtsdestotrotz sind Sie sich der Tatsache bewusst, dass Sie wohl existieren. Diese unsichtbaren Erscheinungen sind kein bizarrer Begriff für Sie, obwohl die meisten von uns wohl nicht völlig die Wissenschaft hinter ihnen verstehen. Sie nehmen es in sich auf und akzeptieren es als Realität. Wenn es Teil unserer Realität geworden ist, verwenden wir keinen Gedanken mehr daran.
Mit all den unsichtbaren Frequenzen, Radiowellen und Plasmaströmen, die uns in unserer Umwelt begegnen, warum übersehen wir, dass dort eine unsichtbare menschliche Frequenz existiert, die uns durchdringt?
Mit der Kenntnis, dass unser Geist die Fähigkeit hat, die Ereignisse und uns umgebende Wirklichkeit zu beeinflussen, ist seit Äonen oft unter geheimem Deckmantel gearbeitet worden. Sie lief unter den verschiedensten Etiketten wie zum Beispiel positives Denken, Zielfindung und sogar weiße Magie. Der Geist hat ungeheure Kraft. Und tatsächlich kann er Realität aus dem Nichtstofflichen erschaffen. Verführung und geistige Beeinflussung sind dabei nur ein Bruchteil der Anwendungsmöglichkeiten der Gedankenkraft.
Es ist notwendig, sich der unsichtbaren Welt gegenwärtig zu werden und über sie zu lernen. Diese unsichtbare Welt um Sie herum wird Teil Ihrer Realität werden, sobald Sie beginnen, Ihre mentalen Fähigkeiten

anzuwenden. Durch Disziplin werden Sie über Ihre unangezapften Kräfte regieren und Sie auf konkrete Ergebnisse fokussieren.
Anders als bei den chaotischen unsichtbaren Partikeln, die um Ihren Hackbraten in der Mikrowelle schwirren, können die unsichtbaren Energiebereiche um Sie herum nutzbar gemacht und unter Kontrolle gebracht werden. Sie mögen dieses unsichtbare Reich nie physisch zu Gesicht bekommen, doch dies wird Sie nie davon abhalten über diese Kräfte zu bestimmen, um Ihre Wünsche zu erfüllen. Genauso wie Sie die unsichtbare Luft atmen, mit dem erfolgreichen Ziel, weiterhin am Leben zu bleiben, so werden Sie die unsichtbaren Energien erfolgreich für Ihre Wunschziele absorbieren. Während Sie anfangen dies umzusetzen, wird das Bewusstsein über diese Tatsache Ihre Wirklichkeit werden und dann werden die Gedankenwellen und Frequenzen, die sich aus Ihrem Gehirn mit den Gehirnen anderer verbinden, so einfach zu aktivieren sein wie das Einschalten Ihres abendlichen Spielfilms! Durch die Nutzbarmachung solcher Wellen verursachen Sie eine starke psychische Verbindung, die andere unwiderstehlich zu Ihnen zieht.
Das letztendliche Ziel dieses Arbeitsbuches ist es, Ihnen die Entdeckung zu ermöglichen, andere zu beeinflussen, ohne auch nur ein Wort zu äußern oder besondere Gesten machen zu müssen, wie dies in NLP[2]-Verführungsstrategien angewandt wird. Sie werden verstehen, wie Sie allein durch Ihren Geist kontrollieren, verführen und den Willen von anderen manipulieren können.
Wir sagen Ihnen jetzt, dass Sie schon immer die Kraft hatten, mit anderen mittels Telepathie zu kommunizieren und dies auch schon getan haben, wenn auch in der Regel unbewusst. Die in diesem Handbuch präsentierten Techniken dienen der geistigen Verführung anderer. Ein Bonus ist, dass das System ausgeweitet werden kann, um sich Ihren weiteren Bedürfnissen anzupassen. Außerdem lehrt dieses Buch Sie auch, wie man die universalen Kräfte zu anderen Selbstverbesserungszwecken benutzt. Spirituelles Heilen, Telepathie und psychische Befehlsgewalt befinden sich darunter. Wie schon in anderen unserer Bücher wurde der größte Teil der Theorie ausgesiebt, um nur den nackten Kern der Anwendung von Gedankenkraft ins Zentrum der Aufmerk-

---

[2] NLP ist die Kurzform von „Neurolinguistisches Programmieren“ und eine der weltweit erfolgreichsten Methoden angewandter Psychologie.

samkeit zu stellen. Dieses Buch versucht Ihnen anwendbare Methoden zu geben, mit einer minimalen Erklärung der Theorie. So wie Sie ohne das Wissen um die Funktionsweise nur die Tasten auf Ihrem Telefon in einer bestimmten Kombination drücken müssen, um einen bestimmten Menschen zu erreichen, werden Sie wie selbstverständlich die latenten Kräfte Ihres mentalen Bewusstseins aktivieren, ohne zunächst zu verstehen, was sie zum Wirken bringt. Seien Sie versichert:

Sie werden wirken.

Seit dem Moment der Entstehung, war dieses Buch dazu bestimmt, ein kurzes Handbuch mit wenigen Seiten zu werden, das als „schnelle Hilfe" zu Rate gezogen werden kann. Die Entwicklung dieses Buches begann schon vor einigen Jahren, doch seine Freigabe war vorübergehend zurückgehalten worden, um zuerst ausreichende Studien zu betreiben, die die Theorie und ihre Anwendung sicherstellen sollten.

Benutzen Sie dieses Buch als den praktischen Bezug zur Entfaltung mentaler Kraft. Lesen Sie es komplett, dann machen Sie sich daran, die Macht Ihres Geistes mithilfe der empfohlenen Techniken zu entdecken und zu entwickeln.

In wenigen Augenblicken werden Sie beginnen, die parapsychologischen Verführungstechniken für sich zu entdecken; Sie werden lernen, wie Sie unwiderstehliche Gedanken in einen anderen Geist verpflanzen, als ob es die Entscheidung der anderen Person gewesen wäre, sich von Ihnen angezogen zu fühlen.

Beeindruckend? Auf jeden Fall. Dies ist die mächtigste Form der Manipulation, da die Person beinah nie bemerkt, dass sie verführt wird! Sie verfügen über eine der machtvollsten Waffen der Verführung.

Jede größere Technik wird durch einen Bewertungsskala beschrieben werden, inwiefern die Methode effektiv ist und welche ethischen Überlegungen man bei jeder einzelnen in Erwägung ziehen sollte. Die Skala ist durch echtes Kundenfeedback und persönliche Experimente cntstanden. Die Zählung wurde im Juni 2001 abgeschlossen und mehr als 430 Anwender psychischer Verführung haben zu diesem Zeitpunkt diese Methoden zur persönlichen Weiterentwicklung genutzt. Verwenden Sie die Skala als Wegweiser und Entscheidungshilfe, welche Techniken Sie in Ihr persönliches Repertoire aufnehmen wollen.

Noch einmal: *Wenden Sie Ihre Kräfte weise an!*

Kapitel 1 - Spirituelle Grundlagen

Allgegenwärtige Energie

In jedem Augenblick überall um uns herum befinden sich unsichtbare Formen von Energie. Woher sie kommen und wozu sie da sind, wissen nur wenige von uns, wenn überhaupt jemand. Wie viele verschiedene Wellen es um uns gibt, darüber kann sich niemand wirklich gewiss sein. Die Technologie hat durch die Wissenschaft einige davon für sich entdeckt und nutzbar gemacht, aber wie viele tatsächlich hier auf der Erde und im Universum existieren, bleibt ein Mysterium. Es gibt sie schon seit vor Anbeginn der Erde.
Zum Beispiel ist der Raum, in dem Sie gerade sitzen und dies lesen zur selben Zeit mit allen Art Energiewellen und -strömen erfüllt. Gehen Sie zu Ihrem Fernseher und schalten Sie ihn ein. Was passiert dann? Ein deutliches Bild. Musik. Werbung. Vielleicht eine Seifenoper.

Elektrizität ist der Antrieb Ihres Fernsehapparates. Und ebenso wie Elektrizität für Sie unsichtbar ist, so sind es auch Myriaden weiterer Frequenzen, die allein durch Gedanken kontrolliert werden können. Dies sind die Frequenzen, die Sie beherrschen werden, um geistigen Einfluss ausüben zu können.

Die Wissenschaftler geben zu, dass sie geringes Wissen über das tatsächliche Wesen von Energie haben. Sie wissen zwar, dass sie existiert, doch sie wissen nicht was sie ist. Ist es nicht verblüffend, dass in einer Epoche, in der über Elektrizität nach Belieben verfügt werden kann, wir noch nicht wirklich wissen, was sie ist, oder warum sie arbeitet? Es funktioniert und das ist genug für die meisten von uns.

Es gibt auch eine Energie, eine Lebenskraft, die zu den Enden des Universums fließt. Diese Energie ist mit Eigenschaften ausgestattet, die sie empfänglich für geistige Kontrolle machen. Viele Namen wurden ihr gegeben, wie Orgon, Prana und Chi, doch es ist immer derselbe Stoff, aus dem das Leben gemacht ist. Ohne sie würde jegliche Existenz unmöglich sein[3]. Sie ist ein beinah unangezapftes Reservoir, unauslöschlich und ungeheuer potent.

Unsere Gedanken formen ein Gefäß, das diese Energie aufnehmen und sich dadurch in unserer Realität manifestieren kann. Die Ereignisse in Ihrem Leben sind das Resultat dessen, wozu Sie sich bewusst oder unbewusst entschieden haben, dass es in Ihrem Leben eine Rolle spielt. Wenn Sie sich darin verbessern, Ihr Leben bewusst durch Ihre Gedanken zu formen, werden Sie den Prozess erkennen, wie alles Form annimmt. Ein bedeutendes Lebensziel sollte für Sie sein, Ihre Absichten, Entscheidungen und die Wurzeln Ihrer Gedanken beeinflussen zu können![4] Wenn Sie sich einen roten Ferrari draußen vor Ihrer Tür geparkt vorstellen und aus dem Fenster sehen, werden Sie keinen sehen. Ihr Geist wird Ihnen immer geben, was Sie sich wünschen, aber er wirkt durch die Ereignisse und verborgenen Energien, die Sie umgeben. Sie werden vielleicht den Wagen in einem Preisausschreiben gewinnen oder ein Freund wird vorbeikommen und Ihnen einen leihen. Wenn allerdings die Absicht hinter dem Wunsch, ein solch teures Auto zu fahren, zum Beispiel „Anerkennung“ war, wird es oft so sein, dass sich

---

3 Rein physikalisch besteht oftmals kein Unterschied zwischen einem lebendem und einem toten Körper. Es fehlt ihm allein die Energie! Nur sie ist es, die das Leben ausmacht, alles andere ist ein Behälter. So wie auch Ihr Computer nur einen Sinn ergibt, wenn Sie den Strom zuschalten.

4 Sie tun es ohnehin schon die ganze Zeit! Haben Sie sich schon einmal gefragt, warum Sie sich so Vieles wünschen, wovon sich das Meiste aber scheinbar nie erfüllt? Erkennen Sie jetzt, dass es sich tatsächlich und zu 100% immer erfüllt hat! Wenn Sie sich zum Beispiel sagen: „Ich wünsche mir dies und jenes.“ oder „Ach, wie schön wäre es, wenn ich einmal ...“, dann werden Sie im ersten Fall genau die Erfahrung machen, die Sie sich gewünscht haben: Die des „Wünschens“. Das Universum kann es Ihnen nicht geben, sonst würde es Ihnen das Erleben des Wünschens nehmen, aber genau das ist es, was Sie im Geiste formuliert und so zur Verwirklichung befohlen haben! Im zweiten Fall werden Sie wiederum genau diese Erfahrung machen: Sich jetzt etwas für einen Augenblick in der Zukunft zu wünschen! Sie haben die Erfüllung des Wunsches in der Zukunft gesehen, sie dorthin projiziert und genau das bekommen Sie. Immer und immer wieder: Die Erfüllung des Wunsches in der Zukunft aber nie im Jetzt! Denn es existiert nur das Jetzt. Für Ihren Geist ist immer jetzt *jetzt* und morgen *morgen*. Auch noch in einer Woche, im nächsten Monat und in all den Jahren. Immer wird das Universum Ihnen den Wunsch erfüllen, jetzt die Erfahrung des Wünschens für die Zukunft zu machen! Oder ist es nicht so?

die Absicht auf irgendeinem Weg erfüllt, aber nicht unbedingt durch das Mittel, das Sie gewählt haben! Ihre Ziele werden sich schließlich verwirklichen, aber Sie werden wissen müssen, wonach Sie Ausschau halten sollen und wie Sie sich in Geduld üben.

Tatsächlich ist dies die Basis aller Hexerei (schwarze wie weiße), aller Magie und mystischen Zeremonien. Energie und alle anderen verborgenen Frequenzen werden durch eine Reihe von Ritualen konzentriert, die dazu gedacht sind, sie mit einer energetischen Absicht zu verbinden und zu verdichten, um sie anschließend in die Umgebung zu entlassen und sie in eine Realität zu manifestieren. Energie wird durch Gedanken auf ein bestimmtes Ziel hin formiert. Jede Magie arbeitet durch dieses Prinzip. Wir erschaffen Wirklichkeiten durch unsere Gedanken, weil unsere Gedanken mit den verborgenen Energien interagieren und jene Gedanken in greifbare Form materialisieren.

Bemerken Sie, wie gut positives Denken funktioniert? Positives Denken macht positive Energie nutzbar und bewirkt in den meisten Fällen auch positive Resultate.[5] Dies ist der einfachste Gebrauch von Energie. Aber da es einige Anstrengungen benötigt, ist positives Denken weder so konzentriert, noch so effektiv wie wahre psychische und mentale Kontrolle, da in den allermeisten Fällen die zur Manifestation essentielle Verbindung zum Glauben oder Wissen fehlt. Es existiert eine weitere überlegene Technik um Kontrolle über die verborgenen Energien zu erlangen und so zu unwiderstehlicher Kraft zu kommen.

Visualisierung

Um Ihren Gedanken zu erlauben, Ihr Leben und Ihre Umwelt zu bestimmen, müssen Sie sie innerlich wahrnehmen und Ihre innere Vorstellungskraft gebrauchen. Dies ist das Konzept hinter jeder Visualisierung und ist die Grundlage Ihres eingeschlagenen Kurses zur Entwicklung parapsychischer Fähigkeiten. Sie müssen lernen, mit den Augen Ihres Geistes zu sehen. Wenn Sie einen weitaus fortgeschritteneren Zustand erreichen wollen, müssen Sie nur durch Ihren Willen fähig sein

[5] Positives Denken bedeutet ziel- und lösungsorientiert zu denken, positive Worte und Formulierungen zu benutzen und im Idealfall das unerschütterliche Wissen zu besitzen, dass das eigene Denken und die Worte der Wahrheit entsprechen.

Körperempfindungen zu spüren, zu berühren, Emotionen zu empfinden[6], zu hören und zu riechen, was immer Sie visualisieren. Ab diesem höheren Niveau können Sie beinah jeden mit einem Fingerschnippen verführen. Machen Sie dies zu Ihrem Ziel.

Wenn Sie Ihr gewünschtes Ereignis in Ihrem Geiste so sehen können, als ob es wirklich stattgefunden hat, überlisten Sie in Wahrheit die kritischen Filter vor Ihrem Unterbewusstsein. Ihr inneres Auge setzt dann eine Kettenreaktion in Gang. Dies ist der Punkt, an dem alles beginnt. Ihre Fantasie bringt den Ball ins Rollen und dann tritt der Teil Ihres Bewusstseins in Erscheinung, der Ereignisse beeinflussen kann. Das Halten eines Bildes in Ihrem Geist ist ein notwendiger Schritt zur Manifestierung Ihrer Wünsche.

Klarheit und Konzentration

Wenn Sie Ihren Geist zur Verführung anderer benutzen, muss Ihre Klarheit dabei messerscharf sein. Was Sie in Ihrem Geiste sehen und die Art und Weise, wie Sie dies tun, muss so klar sein, wie es Ihnen möglich ist. Sie brauchen Ihren Geist um eine Verbindung (der NLP-Begriff dafür ist „Rapport“) mit der Person zu entwickeln, doch sobald dieser Rapport hergestellt ist, sollte Ihr Hauptaugenmerk auf der klarsten Handhabung Ihrer Gedanken liegen.

Die vorangegangenen Erläuterungen über Energie und Visualisierung setzen den Rahmen der Verführung mittels Gedankenkraft und Gedankenkontrolle. Innerhalb dieses Systems ruht die übersinnliche Verführung.

Rekapitulation

Jetzt ist der Zeitpunkt, an dem die Theorie der reinen Anwendung weichen muss. Sie brauchen nicht verstehen, wie das alles funktioniert, dies kann ein schlichtes Buch nie leisten. Vertrauen Sie nur, dass es so

---

[6] Wir unterscheiden hier zwischen Emotionen und Gefühlen. Alle Wahrnehmungen, die Sie mit Ihrer Haut aufnehmen, sind Gefühle, so wie Sie den Boden unter Ihren Füßen spüren können und das Buch in Ihren Händen. Emotionen sind abstrakte Körperempfindungen wie Liebe, Motivation, Geborgenheit etc. Alles, was sich nicht physisch berühren lässt.

ist – und wenn es nur für die Dauer ist, in der Sie die Techniken testen wollen. Das vorangegangene Kapitel diente nur dazu, Ihnen einen Begriff von den Mysterien zu geben, die Sie angehen zu kontrollieren. Bevor wir zum eigentlichen Kern dieses Kurses kommen, vergegenwärtigen Sie sich noch einmal die wichtigsten Teile des Konzepts:

- Gedanken erschaffen Realität. Unwiderlegbare Beweise zum Beispiel in der Quantenphysik haben dies bewiesen. Alles, was unsere Kultur hervorgebracht hat, z. B. Gebäude, Kommunikationsmittel, Raumfahrt etc., hat ursprünglich als Gedanke im Bewusstsein der Erfinder begonnen.
- Gedanken oder besser: Bewusstsein kann durch Visualisierung das Bewusstsein anderer und alle Weltgeschehnisse beeinflussen. Je klarer die Vorstellungskraft gelingt und je mehr Sinne einbezogen sind, umso erfolgreicher ist die Wirkung.
- Energie (Prana, Orgon, Chi, etc.) versorgt Gedanken mit Kraft und potenziert ihre Schöpfungsmacht. Indem Sie Energie manipulieren (darüber werden wir später sprechen), werden Sie genügend Kraft erzeugen, um Realität direkt durch Gedanken zu erzeugen. Wenn Wirklichkeit durch Gedanken generiert wird, wird es nicht immer exakt so sein, wie Sie es vielleicht erwarten würden, doch die entstehenden Ereignisse werden einen grundlegenden Zusammenhang erkennen lassen. Der Gebrauch Ihrer Schöpfungskraft zur Materialisierung eines Hauses wird kein Haus aus reiner Luft entstehen lassen, aber er wird Ereignisse herbeiführen, die zum Besitz eines Hauses oder anderweitiger Erfüllung der zugrunde liegenden Absicht dieses Wunsches führen werden. Zum Beispiel werden Sie vielleicht über einen Immobilienmakler stolpern, der Ihnen zufällig ein Schnäppchen anzubieten hat und Ihnen ein bezauberndes kleines Chalet verkauft. Ihre Gedanken haben ihn zu Ihnen gebracht.

Kapitel 2 - Einleitung zur Psychomagie

Erdschwingung und Gehirnfrequenz synchronisieren

Ihr Gehirn funktioniert wie ein Fernsehgerät, es empfängt und sendet elektrische Impulse. Diese Frequenzen sind die Intervalle, mit denen elektrische Aktivitäten innerhalb Ihrer Gehirnzellen gemessen werden. Alles um Sie strahlt Frequenzen aus, die gemessen und aufgezeichnet werden können. Alles, von einem Telefon, Automotoren und Computern, bis hin zu den Blitzen eines Sturms. Auch Farben strahlen Frequenzen aus. Ebenso sendet alles Leben diese Impulse aus. Diese unsichtbaren Frequenzen durchströmen Sie. Die Erde selbst vibriert mit einer Zusammenstellung von Frequenzen, nämlich genau mit 7.23 Schwingungen pro Sekunde. Diese Proportion von 7.23 findet sich auch in Ihrem Körper wieder: Der Abstand zwischen den Augen, der Abstand Kinnspitze bis zur Nase und Nasenspitze bis zum Dritten Auge, der topographische Abstand der Chakren auf der Körperoberfläche beim 12 Chakren-System, und das ist nur eine Auswahl.
Sie und der Planet schwingen miteinander und tauschen und teilen Energie untereinander. Die Schumann-Resonanz-Theorie weist darauf hin, dass das Magnetfeld der Erde unveränderlich mit einem Ton von 7.23Hz vibriert. Dies ist die Resonanzfrequenz des Erdmagnetfelds, was sie zu einer sehr natürlichen Meditationsfrequenz für Meditation macht. Wenn Sie irgendwie Ihre körperlichen und geistigen Frequenzen auf dieses Niveau senken können, stimmen Sie sich ein in eine ausgedehnte unerschöpfliche Quelle von Lebensenergien, die den ganzen Planeten durchdringt. Es ist diese Energie, die Ihnen ermöglichen wird, Ihren Gedanken Leben zu verleihen und Sie mit solcher Kraft zu projizieren, dass Realität allein mit Ihrem Geist neu geformt wird.

Gedanken, die auf 7.23 Hertz ausgesendet werden, schwingen mit dem Erdmagnetfeld und haben so das größte Potential zur Manifestation. 7.23 Hertz entsprechen dem niedrigen Alphazustand auf der Schwelle zu Theta, den Sie mithilfe der eigens für dieses Buch produzierten CD erzeugen können, die Sie unter www.stefanstrecker.de beziehen können.

Um Ihre übersinnlichen Verführungstechniken auf eine Person zu aktivieren, die Sie zu verführen suchen, werden Sie Ihre Gedanken mit dieser Schumann-Resonanz-Frequenz anreichern und einen Energiestrom auf sich ziehen. Auf diese Weise werden Ihre Gedanken konkret, wirklich, und haben einen definitiven Effekt auf Ihre Umwelt.

Alle Menschen stehen mehr oder weniger mit beiden Beinen fest auf dem Boden. Dies haben alle Menschen körperlich gemeinsam. Was die körperliche Gemeinsamkeit der Menschen ist, nämlich die Erde, entspricht der geistigen Gemeinsamkeit von 7.23Hz, die alle Menschen durchdringt. Es gibt einen anderen Grund, warum wir unsere Gehirnfrequenz auf 7.23- Hz-Niveau senken wollen.

Auf dieser Schwingungsebene interagieren Ihre Gedanken auf einem unterbewussten Niveau leicht mit dem Geist anderer.

Grund: Sie erschaffen starke Gefühle und Emotionen in der anderen Person, die sie als ihre eigenen akzeptieren kann. Gedankenübertragungen tauchen in diesem entspannten Zustand auf und wenn das andere Bewusstsein keine Barrieren aufstellt, werden Ihre Gedanken zu den Gedanken der anderen Person. Dies ist von äußerster Wichtigkeit!

Ihr bewusster Gedanke mit aufgeladener Energie aus Emotionen, ausgesendet auf 7.23 Hz, gekoppelt an die Absicht bzw. den Zielgedanken mittels eines Mediums wie einem (mentalen) Bild der Person, ihren Haaren oder einem persönlichen Gegenstand, erreicht die unterbewusste Ebene der Zielperson, so dass dies sogar auf einem EEG (Elektroenzephalographen, einem Hirnstrommessgerät) messbar ist! Ob dieser Gedanke nur unbewusst oder sogar bewusst wahrgenommen wird, hängt von der Intensität des Signals, sprich Ihres Gedankens gekoppelt an der Menge Energie, sowie der Verfassung des Empfängers ab. Doch auch wenn, wie in den allermeisten Fällen, die Zielperson keine bewusste Wahrnehmung des von Ihnen gesendeten Signals haben wird, entstehen Handlungen in jedem Menschen immer zuerst unterbewusst bevor sie ins Bewusstsein dringen. Bewusste telepathische Kommunikation ist nur dann möglich, wenn beide Personen mindestens auf der Alphaebene sich empfänglich für diese Botschaften machen. Wenn Sie z. B. abgelenkt sind durch Sorgen, Arbeit, Zeitmangel etc., schwingt Ihr Bewusstsein auf eine Betafrequenz und je mehr Sie sich von Alpha entfernen, umso geringer wird die Möglichkeit, diese feine Kommunikation wahrzunehmen.

Wenn Sie völlig die Frequenzen Ihres Bewusstseins kontrollieren, werden Sie verstehen, wie Sie die Gedankenwellen anderer Menschen mit Ihren synchronisieren können. Die Natur Ihrer Umwelt, nämlich reine Energie, wird Sie in diesem anregenden Prozess unterstützen. Folglich ist der Schlüssel zur Kontrolle geistiger Kraft und zu jeglicher anderen Form psychischer Manipulation (Telepathie, Heilung etc.) das Verlangsamen Ihrer mentalen Frequenzen um sich auf die der Erde einzustimmen. Wenn Sie sich einmal in gemeinsamer Schwingung mit dem Planeten befinden, absorbieren Sie automatisch große Mengen an Energie, die Sie in Ihre Gedanken projizieren können. Gleichzeitig würden Sie feststellen, dass es einfacher wird Ihre Kraft zu manifestieren und persönliche Wünsche sich schneller realisieren. Je häufiger Sie Ihre geistigen Muskeln trainieren, umso stärker werden sie!

Umfangreiche Forschungen haben festgestellt, dass das menschliche Gehirn in gewissen Frequenzen vibriert, abhängig davon, womit der Geist gerade beschäftigt ist. EEG-Resultate zeigen, dass eine hellwache Person, das Frequenzband des Gehirns 14-30 Hz (Zyklen pro Sekunde oder Hertz) beträgt. Dies ist als der „BETA"-Zustand des Gehirns bekannt. In diesem Zustand ist das Gehirn mit aktiven Kreisläufen beschäftigt und in Alarmbereitschaft.

Unter dem BETA-Zustand finden sich eine Reihe anderer geistiger Zustände, wie die Grafik illustriert:

BETA
Wachbewusstsein, arbeitend.

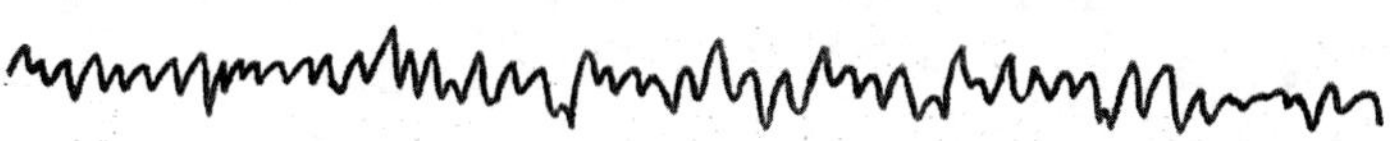

ALPHA
Entspannt, reflektierend.

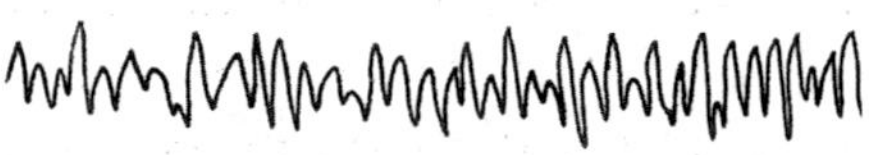

THETA
Zustand am Rande des Schlafs, Meditation, tiefe Kreativität.

DELTA
Schlafend, träumend,
Regenerationsphase.

DELTA
Tiefer traumloser Schlaf.

Besonderes Augenmerk legen wir auf die Frequenzen, die für die psychomagische Verführung bedeutsam sind:

ALPHA: 7-13 Hz
Zustand des Tagträumens; hochmeditativer Zustand. Verbunden mit Super-Learning[7] und einer höheren Erinnerungsfähigkeit.

THETA: 3.5-7 Hz
Tiefer Zustand der Entspannung; entspricht dem exakten Moment des Einschlafens. Verbunden mit übersinnlichen Begabungen und besonderen psychischen Fähigkeiten.

DELTA: 0.5-3.5 Hz
Sehr, sehr tiefer Schlaf. Ein Zustand gesteigerter Immunität. Es wurden Spontanheilungen indischer Heiler beobachtet, die in diesem Zustand und tiefer arbeiteten.

Sie erleben unbewusst alle diese verschiedenen Zustände im Laufe des Tages. Wenn Sie ausreichend Ihren Geist trainiert haben, können Sie nach Belieben Zugriff auf einen dieser Zustände nehmen oder in ihn eintreten. Machen Sie dies zu einem Ihrer Hauptziele.

Diese vier Zustände verschmelzen auf eine Weise miteinander, so dass Sie Höhen und Tiefen eines Hirnstromzustandes erleben. Wenn Ihre Hirnstromwellen auf 7 Hz schwingen, könnte es als niedriges Alpha oder hohes Theta betrachtet werden. Wenn Ihr Gehirn auf diese verschiedenen Zustände zugreift, erfahren Sie Dinge jeweils anders und

---

[7] Super-Learning ist eine Methode, die diesen mentalen Zustand nutzt, um schnell und effektiv große Mengen Daten zu erlernen wie z. B. das Lernen von Vokabeln etc. Leider ist diese herausragende Technik etwas in Vergessenheit geraten. Die heute effektivste Methode, um eine Sprache schnell und ohne den schulischen Lerndruck zu erlernen, ist die Software von „Rosetta Stone".

Ihre Gedanken haben eine überraschende Wirkung auf Sie und Ihre Umwelt.

Der Alpha- und Thetazustand haben sich als die Effektivsten für Experimente mit Gedankenkraft herausgestellt. Je tiefer der Zustand, umso ruhiger und inaktiver ist Ihr Gehirn, was jedoch mit zunehmender Tiefe die Schwierigkeit hervorbringt, bei aktiven Bewusstsein zu bleiben. Je höher der Zustand, umso geringer wird die Auswirkung Ihrer Gedanken auf Ihre Umwelt sein.[8]

Schlussfolgernd hier die zwei Hauptgründe, weshalb Sie die Frequenz Ihrer Hirnströme ändern müssen, wenn Sie Gedanken bewusst auf andere übertragen oder Ihre Umwelt nur mithilfe Ihres Bewusstseins beeinflussen wollen:

- Sie vibrieren in der Schumann-Frequenz, die es Ihnen erlaubt, sich in das natürliche Erdfeld einzuklinken. Auf Resonanzniveau laden Sie sich mit massiven Mengen Energie auf, die Ihre Gedanken zu einer fast unwiderstehlichen Übertragung ermächtigen.
- Ihre Fähigkeit, Ihren Geist zu benutzen, vergrößert und stärkt Ihre geistige Arbeit. Sie müssen auf verschiedene Zustände der Wahrnehmung und auf unterschiedliche Niveaus des Bewusstseins zugreifen können. In diesen Zuständen verlangsamt sich Ihr Herzschlag und Ihr Körper entspannt sich. Ihr Geist wird mehr Zeit haben, auf die Ziele Ihrer Techniken zu wirken. Letztendlich ist es Ihr Fokus, der diese Aufgabe erledigt.

Techniken zur Senkung der Hirnströme

Bevor Sie jemals die hypermentale Verführung, Telepathie, Heilung oder Magie versuchen, senken Sie zuerst den Zustand Ihrer Hirnwellen. Der ideale Zustand ist der Theta-Zustand. Auf diesem Niveau sind Sie höchst entspannt und Ihre Frontallappen vibrieren mit der für psychische Arbeit notwendigen Energie. Neil Slade, Autor von „Frontal Lobes Supercharge", behauptet, dass die frontalen Lappen der Schlüssel zur ASW (Außersinnlichen Wahrnehmung) und jeglicher geistigen

---

8 Welcher Teil von Ihnen dann für die erstaunlichen Fähigkeiten verantwortlich ist, ist bisher unbekannt.

Leistung sind. Leichter zu erreichen, aufrechtzuerhalten und immer noch von überdurchschnittlicher Wirkgewalt ist der Alpha-Zustand, auf den wir ebenfalls eingehen werden.

Sie wissen, dass Sie den Alpha-Zustand erreicht haben, wenn Sie fähig sind, kreativ zu sein und sich im Geiste Bilder, Geräusche (auch Stimmen), Gefühle und Emotionen erschaffen können. Sobald Sie mental in der Zeit reisen, also wenn Sie an das denken, was Sie morgen zu erledigen haben oder was gestern Ihren Tag bestimmt hat, sind Ihre Sinne nicht mehr vollständig in der wirklichen Welt, sondern Sie beobachten das, was in Ihrem Geiste passiert. Denken Sie an die Farbe Ihres Autos. Obwohl es vermutlich nicht vor Ihnen steht, können Sie dennoch die Farbe benennen und es vor dem geistigen Auge sehen und beschreiben. Je mehr Sie in Ihrem Innersten verweilen, umso intensiver wird der Alpha-Zustand. Es hat sich herausgestellt, dass folgende Methode Ihnen dabei behilflich ist, Alpha zu erzeugen: Schließen Sie die Augen, drehen Sie sie ein wenig nach innen und fixieren Sie innerlich einen Punkt auf der Mitte Ihrer Stirn, das so genannte Dritte Auge. Dies erzeugt automatisch mehr Alphawellen! In diesem Zustand können Sie sich zum Beispiel ein Buch vorstellen, es wird jedoch meist leicht verschwommen, nicht so klar wie in Wirklichkeit sein, und Sie werden die einzelnen Buchstaben kaum zusammenhängend erkennen können.

Sie wissen, dass Sie den Theta-Zustand erreicht haben, wenn Sie sich Ihres Körpers nicht mehr bewusst sind, äußere Eindrücke werden von Ihren Sinnen nicht mehr registriert. Alles, was ist und alles, was sein soll, existiert in Ihrem Geist. Es sind nur noch Ihr Geist und die Gedanken Ihres Geistes, die im Theta-Zustand existieren. Im Theta-Zustand vibrieren Sie in der Erd-Frequenz (einige Menschen fühlen wirklich ein Fließen und Beben) und absorbieren sehr viel Energie. Ihre Gedanken sind klarer und was noch bedeutender ist, sehr, sehr viel mächtiger. In diesem Zustand können Sie im Geiste z. B. ein Buch aufschlagen, der verschwommene Schleier existiert nicht mehr und Sie können in diesem Buch sogar lesen!

Deshalb soll der erste Schritt sein, Ihren Hirnstromwellen-Zustand auf Theta zu senken. Es gibt drei Methoden: Die erste ist die „Brainwave-Entrainment-Technique™", was so viel wie Geistbindung bedeutet; wir nennen sie der Einfachheit halber BET. Die zweite ist die „Corrector-Technique™“ oder der „Korrektor“. Und die dritte amerikanischen Foren als „Color-Entrainment-Technique™“ bezeichnet wird. Alle sind kraftvoll.

Brainwave-Entrainment™ Technik BET

Auf unserer zu diesem Buch gehörenden CD „Field of Force“ finden Sie spezielle Kompositionen, die die Schumannsche Resonanzfrequenz durch verschiedene psychoaktive Techniken erzeugen. Diese Kompositionen benutzen binaurale Rhythmen, mit dem alleinigen Ziel, Ihre Hirnströme auf ein ideales Niveau zu senken. Legen Sie die CD ein und spielen Sie sie von Anfang bis Ende – mit der Intention dabei wach zu bleiben. Falls Sie dabei einschlafen oder zu oft gedanklich abdriften sollten, nehmen Sie eine strengere und körperlich etwas anstrengendere (Sitz-)Position ein. Ihr Gehirn wird nur wenige Minuten brauchen, um das entspannende Theta-Niveau zu erreichen.

Während Sie den Tönen aus Ihrem Kopfhörer lauschen, legen Sie sich hin, die Beine nicht überkreuzt und die Arme an den Seiten Ihres Körpers. Vermeiden Sie es, zu dicke Kissen unter Ihren Kopf zu legen, Sie könnten einen steifen Nacken bekommen. Bei ausgeschaltetem Licht und verschlossenen Türen schließen Sie Ihre Augen, atmen Sie langsam und tief und hören Sie der Musik zu, wie diese Sie in eine Serie tiefer entspannter Zustände führt. Sie wissen, dass Sie den Theta-Zustand erreicht haben, wenn Ihr Bewusstsein aus der äußeren Welt verschwunden ist. Spontane Astralprojektion ist von Benutzern dieser elektronischen Stimulation berichtet worden.

Das Field-of-Force-System ist für jene, die es beschwerlich finden, den Korrektor und das Color-Shifting anzuwenden. Es ist richtig diese Technik nur eine kurze Zeit zu gebrauchen. Nach einer Weile sollten Sie auf Ihre eigenen Kräfte vertrauen, Sie in jenen Zustand zu bringen. Sich von äußeren Systemen für einen Entspannungszustand abhängig zu machen, ist wie mit Krücken spazieren gehen. Letztendlich müssen sie selbst laufen lernen.

Am Rande sollten Sie vor den guten Nebenwirkungen von Field-of-Force gewarnt sein. Zuerst vermindert dieses Programm Ihr Bedürfnis nach Schlaf. Sie werden bemerken, dass Sie weniger als 6 Stunden Ruhe pro Tag brauchen. Zweitens werden Ihre Energien nach jedem Hören zunehmen. Es ist wie das Erwachen nach einem langen Schlaf. Schließlich können Sie Augenblicke von Kreativität und äußerster Klarheit erfahren. Fühlen Sie sich frei, dieses Musikstück für andere Zwecke als zur Vorbereitung Ihrer Gedankenkraft zu benutzen.

Der häufige Gebrauch, dieser die Hirnwellen regulierenden Frequenzen, hat die bekannte Nebenwirkung, den Geist permanent zu konditionieren. Das Hören von Thetawellen zwingt Ihr Gehirn zu einer täglich Resonanz mit dieser Frequenz, sogar länger anhaltend nach einer Hörsitzung. Der Einfluss ist folglich immens.

Wenn Ihr Geist auf der Thetafrequenz schwingt, erwartet Sie das Folgende: Erhöhte Lernfähigkeit, verstärktes psychisches Erleben und Intuition, ein gefördertes Immunsystem und natürlich weniger notwendigen Schlaf.

Der Korrektor

An der Front Ihres Gehirns ist ein Gebiet, bekannt als der Korrektor. Dies ist der Abschnitt, der die Arbeit des Gehirns und all seiner Teile koordiniert. Legen Sie Ihre Handfläche auf Ihre Stirn; der Korrektor liegt ungefähr 3-5 cm tiefer.

Um den Theta-Zustand zu erzeugen, müssen Sie lernen, den Korrektor abzukühlen. Um das zu erreichen, stellen Sie sich vor, dass die Temperatur des Korrektors niedriger ist als die Temperatur Ihres restlichen Gehirns. Reiben Sie zuerst Ihre Stirn und bekommen Sie ein Gefühl dafür, wo sich Ihr Korrektor befindet. Dann versuchen Sie zu fühlen, wie er langsam einfriert und sich in einen Eisblock verwandelt. Diese Vorstellung führt dazu, dass sich die Blutgefäße im Korrektor zusammenziehen. Durch bewusstes Senken der Gehirntemperatur senken Sie den Zustand Ihrer Hirnströme. Nachdem Sie dies getan haben, werden Sie bemerken, dass Ihre Gedanken langsam und stumpf geworden sind. Weniger Gedanken und Gefühle tauchen in Ihrem Geist auf.
Das Gehirn wird schließlich auf einem niedrigeren Niveau vibrieren. An einem bestimmten Punkt sind keine Gedanken mehr gegenwärtig. Dies ist das Theta-Niveau.

Das Color-Shifting

Für visuelle Menschen kann diese Farbverschiebungsmeditation die Hirnströme sehr schnell auf Theta-Niveau senken. Die Farbentechnik ermöglicht es Ihnen, jene geistigen Kräfte zu entwickeln, deren Besitz Sie anstreben.

Erinnern Sie sich an die Farben des Regenbogens? Hier ist eine kleine Auffrischung: Rot, orange, gelb, grün, blau, violett.

Um den Theta-Zustand zu erreichen, müssen Sie sich hinlegen, Ihre Beine und Arme gerade und parallel positionieren und langsam einatmen. Nach einer Weile stellen Sie sich vor Ihrem geistigen Auge einen roten Gegenstand vor. Sehen Sie zum Beispiel einen Apfel oder einen roten Käfer. Vergegenwärtigen Sie sich ihn so gut Sie es können, mit allen Details: Dreidimensional, so scharf und strahlend Sie können. Sehen Sie das Schimmern, den Glanz. Holen Sie Ihre Vorstellung ein wenig näher heran und halten Sie sie für ungefähr dreißig Sekunden, dann blenden Sie das Bild aus. Fangen Sie dann an, sich irgendeinen orangenen Gegenstand vorzustellen. Es kann eine orange Frucht oder ein Basketball sein. Sehen Sie die raue Haut einer Orange und die genaue Beschaffenheit des Fruchtfleisches. Dann blenden Sie auch dieses Bild aus und gehen zu gelb über, bis Sie violett erreicht haben. An diesem Punkt vibriert Ihr Gehirn in einem niedrigen Alphaniveau. Gehen Sie so weiter vor, um den Entspannungszustand zu vertiefen.

Sobald Sie alle Farben visualisiert haben, stellen Sie sich vor, wie vor Ihnen eine Treppe erscheint, die hinunter in die Dunkelheit führt. Es gibt EXAKT 21 Stufen. Treten Sie auf die erste Stufe und fühlen Sie tatsächlich die Körperempfindungen eines tatsächlichen Schrittes auf eine tiefere Stufe. Treten Sie auf die zweite Stufe und erfahren Sie die Eindrücke des Abstieges. Lassen Sie sich Zeit und gehen Sie so jeden Schritt bis zur 21. Stufe. Wenn Sie die letzte Stufe erreicht haben, sehen Sie, wie eine Tür vor Ihnen erscheint. Studieren Sie sie. Bemerken Sie die Details. Ist sie aus Holz? Stahl? Kunststoff? Dies ist die Tür zu Ihrem besonderen Ort. Eine hochgeistige Ebene.

Öffnen Sie die Tür und stellen Sie sich Ihre Traumwelt vor. Es kann ein See, eine Gebirgskette, sogar der Weltraum sein. Was auch immer Sie wählen, vergewissern Sie sich, dass es nicht der Ort ist, an dem sich Ihr Körper in Wirklichkeit befindet. Sie sind an einem Platz angelangt, an den Sie sich stundenlang zurückziehen können, um einfach zu meditieren, nachzudenken und sich mit beliebigen Bewohnern zu unterhalten, von denen Sie entscheiden, sie hier zu manifestieren. Dies ist Ihr heiliger Ort. Ihr heiliger Platz vibriert mit Energie. Atmen Sie ein und stellen Sie sich vor, ungeheure Mengen Energie zu absorbieren. Tun Sie dies für ungefähr drei Minuten lang.

Jetzt sind Sie für die psychosexuelle Verführung bereit.

Zukünftig wird das auch der Platz sein, an dem Sie all Ihre geistigen Techniken (aus-)üben werden.

Kapitel 3 - Grundlagen der übersinnlichen Verführung

Spirituelle Verbindung

Sie haben gelernt, dass alles, was Sie tun, Auswirkungen auf Ihre Umwelt hat. Selbst Gedanken, die zwar nicht stofflich, aber spirituell bedeutend und deren Energien sogar physikalisch messbar sind, haben nicht nur einen Effekt auf Sie selbst, sondern auch auf Ihre unmittelbare Umgebung! Dies macht sich diese zwar kleine, aber für Ihre Einfachheit erstaunlich wirkungsvolle Technik zunutze.
Stellen Sie sich vor, Sie begegnen einer Person, die Sie gerne ansprechen und kennen lernen würden, gleich wo und wann dies geschehen mag. Wüssten Sie nun eine Formel, die Ihnen garantiert, dass ein erster Kontakt wesentlich leichter für Sie und die Person sein wird, wie sehr würden Sie diese Formel im Gedächtnis behalten, um Sie immer dann benutzen zu können, sobald sich eine solche Situation ergibt? Merken Sie sich die folgende einfache Formel und beobachten Sie, was sich ab dem Zeitpunkt ändert, nachdem Sie sie im Geiste aufgesagt haben.

„Ich möchte mich mit dieser Person verbinden!“

Spüren Sie die Worte im Bauch, im Solarplexus (der Punkt zwischen Herz und Bauchnabel), im Herzen und in Ihrem Dritten Auge (der Punkt etwas oberhalb zwischen den Augenbrauen) und sprechen Sie sie in Ihrer Vorstellung laut, inbrünstig und mit dem felsenfesten Wissen, dass sie wirken werden! Warten Sie, bis sich das Gefühl einer Verbundenheit, eines Kontaktes bei Ihnen einstellt, meist innerhalb von wenigen Sekunden, dann gehen Sie zu der Person und Sie werden überrascht sein, wie leicht es sein wird, diese Person kennen zu lernen.[9]

Bewertung dieser Technik: Auch wenn es sich nur um einige einfache Worte handelt, unterschätzen Sie nicht die Wirkung, die sie auf Sie

---

9 Alles, mit dem Sie in Kontakt kommen, trägt unter anderem Ihre persönliche Energiesignatur. Diese ist natürlich umso stärker, je mehr Sie mit dem Objekt verbunden sind. Sie können die Wirkung also verstärken, indem Sie etwas Persönliches von der Person in der Hand halten wie z. B. ein Foto, ein Haar oder Gegenstände, die er oder sie berührt hat.

selbst und die Situation haben wird! Indem Sie diesen Wunsch aussprechen, erfüllt sich auf einer gewissen Ebene bereits Ihre Absicht, auf die Person zuzugehen und leicht ein anregendes Gespräch zu beginnen. Die Realität manifestiert sich aus den Gedanken, die die präzisesten und ihrer Schöpfungskraft am meisten bewusst sind!

Schlussbemerkung: *Wenden Sie diese Technik immer vor einem ersten Kontakt an.* Diese Methode erleichtert die Wirkung aller nachfolgenden Techniken.

Die Emotionssphäre

Ein Beitrag von Stefan Strecker

Haben Sie schon einmal erlebt, dass Sie sich mit jemand so angeregt unterhalten, dass Sie alles um sich vergessen? Sie hören nicht mehr die anderen Unterhaltungen der Nachbartische, sehen nur noch Ihren Gesprächspartner und sind sehr konzentriert auf das Thema. In einem solchen Augenblick entsteht etwas, dass Sie auch vor dem Kennenlernen erzeugen können!

Zur Vorbereitung dieser Technik nehmen Sie sich jetzt ein paar Augenblick und stellen Sie sich folgende Fragen, die Sie auch je nach gewünschter Emotion, die Sie übertragen wollen, anpassen können:

1) Welche Emotion wollen Sie übertragen?
   Z. B.: „Sich zu jemandem hingezogen fühlen“.
2) Wie fühlt sich diese Emotion an? Wo im Körper empfinden Sie diese Emotion?
   Z. B.: „Im Brustkorb, warm und kribbelnd“.
3) Wenn Sie der Emotion eine Farbe geben würden, welche wäre das?
   Z. B.: „Orangerot“.
4) Wenn die Emotion eine Form hätte, welche wäre das?
   Z. B.: „Kugel“.

Denken Sie über diese Fragen gewissenhaft nach und wenn Sie sich in einer Kennenlernsituation befinden, begeben Sie sich in die Nähe der Zielperson, rufen Sie in sich die erwählte Emotion wach, indem Sie an eine Situation denken, in der Sie diese schon einmal empfunden haben und sich die jeweiligen Attribute wie Ort, Form und Farbe vor Augen halten. Nun stellen Sie sich vor, die Farbe würde sich über Ihren ganzen

Körper ausbreiten, von Ihren Zehen bis zum höchsten Punkt Ihres Kopfes. (Dies können Sie auch zuvor zu Hause üben!) Sobald Sie dies erreicht haben, ist der Rest des Weges einfach: Stellen Sie sich weiterhin vor, die Farbe würde über die Grenzen Ihres Körpers hinaus fließen, Sie in eine Kugel angefüllt von der Energie dieser Emotion hüllen, dann weiter in Richtung der Zielperson fließen und diese mit in die Sphäre einnehmen. Lassen Sie dies einige Sekunden wirken, bevor Sie zu der Person hinübergehen und sich Ihr vorstellen.

Bewertung dieser Technik: Diese Technik erfordert einige Vorbereitungen und ein ernsthaftes Training in Ihren vier Wänden. Falls Sie bereit sind, diese Zeit aufzuwenden, verspricht Ihnen diese Methode jedoch, wie die Posaunen von Jericho zu wirken und alles Eis zum Schmelzen zu bringen, bevor der oder die Glückliche Sie überhaupt kennen gelernt hat! Wie bei allen psychomagischen Techniken werden Sie einen verschiedengradigen Erfolg bemerken, je nach Ihrem Training, Ihrer Tagesverfassung und der Empfänglichkeit der Zielperson.

Schlussbemerkung: Meistern Sie diese Technik. Diese Methode verspricht für den trainierten Anwender eine hohe Erfolgsquote. Falls Sie bei der Wirkung der Emotion sicher gehen wollen, stellen Sie sich diese als rosarot vor. Diese Farbe wirkt beschwichtigend und hat die Macht, alle Barrieren einzureißen.

Die Visualisierungsmethode

Erinnern Sie sich noch einmal an das letzte Kapitel und wodurch Sie Gedanken Kraft verleihen und wie Sie mehr Energie in die Kraft Ihrer Gedanken induzieren.

Während Sie an diesem besonderen Ort durch das Color-Shifting sind, werden Sie mit Energie aufgetankt und vibrieren in der besonderen Resonanzfrequenz, die wir vor kurzem besprochen haben. Dies ist der ideale Zustand für psychosexuelle Verführung. Sobald Sie sich an Ihren speziellen Platz begeben haben, stellen Sie sich vor, wie die Person vor Ihnen erscheint, die Sie zu beeinflussen wünschen. Versuchen Sie ein vollkommen dreidimensionales Bild zu beschwören, so dass Sie tatsächlich die Anwesenheit der gewünschten Person spüren können. Vor Ihrem geistigen Auge vergegenwärtigen Sie sich den Glanz in ihren

Augen, hören ihre Stimme, spüren, wie er oder sie sich anfühlt, riechen den bzw. die besondere Note in ihrem/seinen Parfum und wie ein Kuss schmecken würde. Bemerken Sie, wie z. B. die Kleidung im Wind flattert. Je intensiver die Vorstellung, desto stärker wird die erschaffene geistige Verbundenheit mit der wirklichen Person sein.

Geistige Verführung erfordert einige Anstrengung. Stellen Sie sich die Person zuerst nackt vor und lassen Sie Ihre Finger durch ihr Haar gleiten, über ihren Nacken und ihre Schultern. Liebkosen Sie ihre Brüste und streifen Sie ihre Flanken sanft und zärtlich. An diesem Punkt kann das Bild der Person verschwimmen und Sie können ihren Körper sogar ganz aus Ihrem Sichtfeld verlieren. Das ist kein Grund zur Sorge. Konzentrieren Sie sich nur auf den Körperteil, den Sie berühren und liebkosen. Das reine Bewusstsein, dass Sie die Person liebkosen, die Sie zu erregen wünschen, ist genug.

Hier sind zwei Regeln von äußerster Wichtigkeit:

Ihre Visualisierung muss umfassend und dynamisch sein!
Das heißt, Sie müssen alle inneren Sinne aktivieren, sehen Sie, hören Sie, fühlen Sie, riechen Sie, schmecken Sie alles, was Sie sich wünschen!

Handeln Sie in positiver Absicht für sich und die Zielperson!
Ihre Absicht wird Ihnen vorauseilen! Sie werden es zwar dennoch schaffen, erotische Empfindungen in der Person für Sie zu erzeugen, doch ohne positive Absicht, also ohne den strengen Willen, der Person ausschließlich Gutes zu tun, werden diese Empfindungen von der Person zwar unterbewusst erlebt, jedoch zutiefst abgelehnt werden!
Dies erfordert, dass nicht nur Ihre Hände das Objekt Ihres Verlangens streicheln, Sie müssen die Empfindungen Ihrer Liebkosung tatsächlich fühlen. Sie müssen in Ihre Handlung versunken sein, so dass Sie wirklich die erotische Berührung und das Anfeuern erleben. Ohne die Gefühlsempfindungen verlieren Sie mehr als die Hälfte Ihrer Kraft. Ihre Gedanken werden daran scheitern, genug Kraft zu erzeugen, um das Verlangen in den Gedanken Ihres Ziels zu erzeugen.

Der größte Teil Ihrer Konzentration sollte zum genitalen Gebiet geleitet werden. Wenn Ihr Ziel eine Frau ist, breiten Sie ihre Beine aus und streicheln Sie ihre Klitoris und liebkosen Sie ihre Vagina. Sehen Sie die Falten ihres Fleisches, während Sie die Wärme und die Feuchtigkeit ihrer Schamhügel fühlen. Während Sie geistig das genitale Gebiet verwöhnen, wird Blut in den Schambereich der wirklichen Person strömen. Es wird Anziehungskraft und äußerst intensive Gefühle anregen. Sie wird anfangen, an Sie zu denken und wird Sie unbewusst suchen.

Während Sie ihre Brüste, Vagina und Beine streicheln und liebkosen, machen Sie die Bilder dynamisch, derart, dass Sie den orgastischen Ausdruck auf ihrem Gesicht sehen, hören Sie das leise Seufzen der Lust, und Ihre Hände fühlen die Empfindung ihres zitternden Fleisches. Setzen Sie all Ihre Sinne ein! Dies wird „Dynamic-Visioning™" genannt und es veranlasst Ihr Ziel, in entsprechender Weise in der wirklichen Welt zu reagieren. Es zwingt sie dazu, sich emotional auf dieselbe Weise zu verhalten, wie gesagt, wenn Sie die Regel der positiven Absicht einhalten.

Nach einer gewissen Zeit beenden Sie die Verführung, indem Sie sie abschließend zu einem Höhepunkt führen. Sehen und fühlen Sie ihr Liebesdelta unter Ihren Händen anschwellen und erzittern in den Wehen ihres Orgasmus. Betrachten Sie sie, still und befriedigt daliegen, senden Sie eventuell Liebe in Form von Licht. Erlauben Sie dem Bild, dann zu verklingen.

Welches Zeitmaß erfordert diese Sitzung? Zwanzig Minuten sollen genug für den Anfang sein. Bis dahin werden Sie einen sprießenden Samen unterbewusster Gedanken in sie gepflanzt haben.

Während Sie solche mentale Kraft auf jemanden anwenden, ist der Einfluss auf sie steigernd und emotional, gleichgültig wie weit sie entfernt ist. Durch Liebkosen des Gebiets, welches Sie beeinflussen, können tatsächliche körperliche Reaktionen entstehen, wie Feuchtigkeit und Erröten. In uralten Aufzeichnungen werden die Wirkungen als etwa eine halbe Stunde andauernd dokumentiert. Manchmal können sich verlängerte Zustände der Erregung aus sehr klaren und intensiven Visualisierungen ergeben.

Wichtige Anmerkung: Während Sie visualisieren, müssen Sie streng darauf achten, nicht selbst erregt zu werden! Die Kraft Ihres Geistes

wird am größten sein, wenn Sie bei der Verführung einen beinah klinischen Abstand bewahren. In dem Moment, in dem sich Ihr Puls beschleunigt, in dem Augenblick, in dem Ihr Herz sich an den von Ihnen generierten geistigen sexuellen Bildern erfreut, riskieren Sie den Zustand Ihrer Hirnströme zu beschleunigen und aus dem Theta-Zustand wieder in die höheren Wellen aufzusteigen. SIE WERDEN DIE PSYCHISCHE VERBINDUNG AUF DIESE WEISE ABSCHNEIDEN! Die Verführung wird Ihnen entgleiten.
Das ist der Grund, warum Kontrolle absolut notwendig ist. Halten Sie Ihre eigene Erregung zurück während Sie Ihre Arbeit tun. Ihr Ziel ist, andere zu sich zu ziehen nicht, sich selbst geistig zu stimulieren. Überlassen Sie das übereifrigen Amateuren und undisziplinierten Anfängern.

Geistige Kontrolle über andere verlangt strenge Kontrolle Ihrer eigenen Emotionen!

Erinnern Sie sich: Je klinischer Ihre Annäherung, desto besser. Wenn Sie sich die Genitalien vergegenwärtigen, die Sie stimulieren, dann stellen Sie sich vor ein Arzt zu sein. Ärzte werden nicht erregt.

Bewertung dieser Technik: Die Visualisierungsmethode reicht bis zur Renaissance zurück und war den damaligen Führern ein Mittel, emotionale Anziehung über große Entfernungen zu erzeugen. In tatsächlicher Praxis jedoch übt diese grundlegende Technik sehr wenig Kraft aus. Von unzählbaren Benutzer-Feedbacks zeigten die unterschiedlichsten Ziele eine minimale Erwiderung nur nach zahlreichen wiederholten und intensiven Visualisierungen. Zusätzlich kann ausgedehnte Visualisierung den Verführungskünstler ausmergeln, da sie viel Energie und Konzentration kostet! Der menschliche Geist hat diese antike Methode der Verführung entwickelt und ihr widerstanden. Die Wirksamkeitseinschätzung ist mit 2% recht mager! Vor fünftausend Jahren, als die Menschheit noch mittels Kehllauten und Telepathie kommunizierte, mag die Visualisierungsmethode mehr Einfluss gezeigt haben. Wir haben bereits einen Großteil dieser Fähigkeit verloren.
Der Gebrauch der Visualisierungsmethode ist daher nicht weiter empfehlenswert. Wir empfehlen den Praktizierenden der Visualisierungsmethode diese als Geschichtslektion zu betrachten... die Muttertechnik,

die allen anderen heute existierenden übersinnlichen Verführungsmethoden voranging. Andere Methoden der Verführung, die jetzt folgen, werden uns mit weit eindrucksvolleren und schnelleren Resultaten versorgen.

Schlussbemerkung: *Übergehen Sie diese Technik.* Seine innewohnende Schwäche macht die Bemühungen beinah wertlos. Legen Sie es in Ihrem Geist als eine Geschichtslektion ab. Sie sei nur der Vollständigkeit halber in diesem Buch erwähnt und die nachfolgenden Erfolgstechniken verdienen mehr Aufmerksamkeit.

Das Organfeuer

Wenn Sie darauf beharren, die vorherige Methode zu benutzen, kann es regelmäßige Anwendungen erfordern, um schließlich einige, aber geringe Resultate zu erzielen.
Erste Zeichen können von Scheu bis zu heftigem Flirten reichen. Sie werden die Zeichen erkennen, wenn Sie sie sehen.

Um diese Methode anzuwenden, werden Sie lernen, Ihre Hände bewusst zu erhitzen und zu kühlen. Der erste Schritt ist sich zu entspannen. Setzen Sie sich auf einen Stuhl und stützen Sie Ihre Hand auf einen Tisch. Blicken Sie auf Ihre Hand. Sehen Sie die Falten, die kleinen Haare, die Linien. Dann stellen Sie sich vor, dass dies nicht Ihre Hand ist. Fühlen Sie ihre Empfindungen dann stellen Sie sich vor, dass sie ein eigenes Leben besitzt. Sie müssen in Ihrem Geist glauben, dass diese jetzt ein eigenes Bewusstsein, von Ihrem getrennt, besitzt mit einer eigenen Lebenskraft.
Dissoziieren Sie sich, trennen Sie sich von ihr. Befehlen Sie Ihrem Gehirn, dass sich dieser Körperteil nicht mehr unter Ihrer Kontrolle befindet; sagen Sie Ihrem Gehirn, dass es keine Nerven gibt, die diese Hand mit Ihrem Körper verbinden. Während Sie dies tun, kann Ihre Hand kalt werden. Versuchen Sie, Ihre Hand zu bewegen. Sie werden überrascht sein, zu sehen, dass es schwerer ist und nach einiger Übung sie sich sogar weigert sich zu rühren. Diese Übung ist dazu gedacht, Sie fühlen zu lassen, wie es ist, wenn Ihre Hand bewusst auf Zeit abgetrennt von Ihrer Lebensenergie ist.

Beginnen Sie jetzt, sich vorzustellen, dass die Hand sich aufheizt. Stellen Sie sich Flammen vor, die in die Hand vordringen. Die Technik kann durch die Vorstellung flüssigen Feuers verbessert werden, welches sich von Ihrem Arm hinab in die Hand fortpflanzt. Sehen Sie einen kleinen Feuerball sich in Ihrer Handfläche drehen und wirbeln, der diese ganze Energie in sich aufsaugt. Fühlen Sie den Ball sich mit jedem Pulsieren der Energie ausbreiten. Während das Feuer sich ausweitet und heißer wird, vertiefen Sie sich in die vorgestellten Empfindungen großer Hitze. Fühlen Sie die Luft, die um die Hand flimmert und aufsteigt. Sehen Sie das Glühen der Energie. Innerhalb von zwei bis fünf Minuten wird die Hand physisch deutlich heißer werden. Ihre Hand wird mit Kribbeln und Stichen von Energie aufflammen. Beobachten Sie Ihre Hand. Sie werden rote Flecken bemerken. Mit dieser kleinen Technik haben Sie Chi/Ki-Energie manipuliert und eine Überschussanreicherung dieser ätherischen Energie innerhalb Ihrer Hände und Arme verursacht. Diese Energie wird von Schamanen verwendet, um zu heilen. Magier gebrauchen sie, um zu zerstören. Geübte in Kampfkünsten wie Aikido, Kung-Fu und Tai-Chi wenden Chi an, um größere Gegner zu schlagen. Psychisch Begabte benutzen es, um Ereignisse zu manipulieren und die Realität zu beeinflussen. Wir werden es zur Verführung nutzen.

Es benötigt etwas Zeit, aber sobald Sie jene Übung beherrschen, können Sie sie zur psychosexuellen Verführung verwenden.

Der Verführungstrick dabei ist, Ihre Hand oder andere Körperteile mit den Genitalien Ihres Zieles zu identifizieren. Sie müssen Ihre Hand und ihre Genitalien als ein und dasselbe Objekt wahrnehmen, und später die Hand zum Glühen bringen. Überzeugen Sie sich, dass Ihre Hand nicht eine Hand ist, es sind die Genitalien der Zielperson! Sobald sich Ihre Hand aufheizt, werden dies auch ihre Genitalien tun. Das ist die gewünschte Reaktion. Chi-Energie wird in ihre Klitoris fließen und sich über ihre Schamlippen ergießen. Was geschieht, wenn Ihre persönliche Energiesignatur mit ihren sexuellen Energiezentren harmonisiert? Zuerst werden Neugier, Begeisterung und Innigkeit deutlich gehäuft in ihren Gedanken auftauchen. Zweitens wird sie die unterbewusste Quelle jener angenehmen Ausstrahlungen suchen. Wegen der psychischen Verbindung, hervorgerufen durch die aktivierten Energiezentren, den so genannten Chakren, werden sich ihre Gefühle der Anziehungskraft mit Ihnen verbinden.

Auf täglicher Basis angewendet, werden Sie tiefen Rapport mit der Person aufbauen, die Sie beeinflussen. Stellen Sie sich vor, wie Sie dies Stunde um Stunde tun!!

Gestützt auf Anwender-Feedback soll das Endresultat des OF starke Gefühle der Wärme, Kameradschaftlichkeit und Anziehungskraft erschaffen. Das OF erleichtert erfolgreiche Kontaktaufnahmen, weil das Ziel Sie als sehr liebenswert wahrnimmt und sich wünschen wird, mehr Zeit mit Ihnen zu verbringen.

Grundprinzip: Während das Organfeuer den Theta-Zustand nicht benötigt, wird es dennoch wegen der intensiven psychischen Verbindung arbeiten, die Sie zwischen Hand und Genitalien geschaffen haben. Die beständige Wiederholung wird umso mehr die Macht erhöhen und das gewünschte Resultat schaffen: Anziehungskraft, übermäßige Neugier und Wärme.

Bewertung dieser Technik: Die Organfeuer-Methode basiert auf Chi-Kontrolle, die relativ leicht zu erlernen ist. Chi ist die feine Energie, die in der Akkupunktur und im Aikido für Heilzwecke und zur Kriegsführung verwendet wird. Indem Sie Chi mit Ihren Gedanken und durch das Handchakra (Achi-Prozessor) beeinflussen, können Sie spontan den Fluss von Chi in entfernten Zielen verändern. Die geistige Vereinigung Ihres persönlichen Chi mit dem des Körpers Ihres Ziels erschafft eine kräftige psychische Verbindung. Indem Sie Chi zu den erogenen Zonen Ihres Ziels kanalisieren, erschaffen Sie leicht Empfindungen der Wärme, des Vergnügens und der Anziehungskraft. Auf diese Weise erzeugt die physische und emotionale Wärme anschließend eine vermehrte Bindung zwischen dem Verführer und der/dem Verführten. Wenn das Ziel nicht durch Depression und starke Stimmungsschwankungen belastet wird, transformiert die Übertragung der Energie zu ihren sexuellen Zentren eine neutrale Haltung in eine offene und freundliche Haltung um. Eine Taktik, die von vielen psychischen Verführungsmeistern benutzt wird, ist, das OF aus der Entfernung für fünf Minuten anzuwenden, bevor sie dann einen ersten Kontakt herstellen. Eine 98%ige

Chance freundlichen Empfangs ist über eine Spanne von zwei Jahren aufgezeichnet worden.
Wenn die Technik konstant angewendet wird, werden Sie wunderbare Gefühle euphorischer Höhen weben und starke Bindungen und Freundschaft schaffen. Die Anwesenheit psychopathischer und neurotischer Nervenenden ausschließend, ist das OF ein ausgezeichneter emotionaler Stimmungsheber. Auf sich selbst angewendet, dient diese Technik um die eigenen Stimmungen zu verbessern.

Um die Macht der Technik zu steigern, können Sie sich das Perineum-Chakra des Zieles vorstellen und alle Energien dorthin schicken. Das Perineum ist ein Punkt auf halbem Wege zwischen After und Genitalien.

Erinnern Sie sich, dass, während Sie die Energieübertragung ausführen, Sie den Fluss der Energie FÜHLEN müssen, als ob Ihre Handflächen in Brand wären. Ein Fehlschlagen der Erschaffung der taktilen Empfindungen wird zu einer schwächeren Energiekontrolle führen.

Variation: Alternativ können Sie diese Technik mit der später folgenden Fernverführung kombinieren und sich vorstellen, Sie wären im Körper der Person und erwärmen dann aus der Realität der Zielperson die notwendigen Chakren oder Körperteile!

Schlussbemerkung: *Meistern Sie diese Technik.* Diese Methode verspricht eine hohe Erfolgsrate.

Abschließende Gedanken

Verschiedene Anwendungsmöglichkeiten

Psychic-Seduction™ oder die Psychomagische Verführung kann auch auf beide Geschlechter angewandt werden! Statt sinnlicher Anziehungskraft wird es stattdessen starke Gefühle der Wärme und Kameradschaftlichkeit erzeugen. Freundschaften oder bestehende Beziehungen sind ideale Kandidaten für eine Auffrischung mit dieser Methode. (Wenn Sie es mental vertreten können, die Genitalien Ihres besten Freundes zu bearbeiten.)

Die hypermentalen Verführungstechniken erlauben es Ihnen auch, die Gunst von Fremden, Ihres Chefs und auch von schwierigen Menschen zu erhalten. Stellen Sie sich vor, dass Ihre Hand die Genitalien Ihres Chefs wären und heizen Sie sie auf, wenn Sie um eine Gehaltserhöhung bitten. Er wird die generierten warmen Gefühle mit Ihnen verbinden. Vergegenwärtigen Sie sich das Cialdini-Prinzip der Zuneigung: Menschen bevorzugen diejenigen zu begünstigen, die Sie mögen. Durch die mentale Erhitzung der Sexualorgane von Mitgliedern desselben Geschlechts zwingen Sie sie dazu, Sie außerordentlich zu mögen. Sie erhöhen die Wahrscheinlichkeit mehr Gehalt zu bekommen. Wenden Sie diese Technik auf dem Flohmarkt an oder bei einem Einkauf bei den berüchtigten Gebrauchtwagenhändlern. Menschen, auf die Sie mit dieser Technik abzielen, werden Sie als charmant und charismatisch ansehen.

Eine abwegige Anwendung

Das Organfeuer behauptet die Macht zu besitzen, die geistigen Kapazitäten von anderen vorläufig außer Kraft zu setzen. Erinnern Sie sich an den vorhergehend erwähnten Korrektor? Stellen Sie sich vor, dass Ihre Hand jemandes Korrektor ist und kühlen Sie sie ab. Seine Denkprozesse werden auf Schneckentempo gebremst.
Weiterhin gibt es die Amygdala, zwei mandelförmige Gehirnabschnitte unter jeder Schläfe. Vereinigen Sie Ihre Handflächenchakren mit der Amygdala und kühlen Sie sie schnell ab, wenn Sie wollen, dass sich Ihr

Gegner mit sprunghaft ansteigendem Stress und Unbehagen konfrontieren soll.
Wo kann dies verwendet werden? Das Verlieren einer Debatte mit einer offensichtlich klügeren Person ist eine gute Zeit, das eigene Unvermögen zu überspielen. Selbstredend empfehlen wir solche Taktiken nicht. Doch wenn man bedenkt, was das Abkühlen erwähnter Gehirnregionen bewirkt, wozu kann dann das Erwärmen dienen?

Heilungszwecke

Sind Sie geplagt von Schmerzen und Unruhen? Die beste Gelegenheit, sich von solchen Leiden zu befreien, ist sich in Ihrem speziellen Platz erholen. Besuchen Sie Ihren besonderen Ort und stellen Sie sich einen kleinen Teich vor, mit sprudelndem und schimmerndem Wasser. Waten Sie in dem Teich herum und fühlen Sie wie sich Ihre Krankheit und Ihre Betrübnis in dem Teich auflösen. Während sich der Teich mit der Krankheit schwärzt, fühlen Sie sich stärker und heller von glühender Lebendigkeit. Wenn Sie die gewünschte Heilung erreicht haben, gehen Sie ans Ufer und lassen Sie den mit Krankheit angefüllten Teich zusammen mit Ihrer Krankheit verschwinden.

Eine weitere sehr gut funktionierende Möglichkeit ist, sich einen heiligen Fluss vorzustellen, der durch Ihre Landschaft fließt. Dieser Fluss besteht aus Wasser, das wie flüssiges Licht scheint. Dies ist Ihr Lebensfluss. Lassen Sie ihn heller und strahlender werden und begeben Sie sich an sein Ufer. Dort können Sie die Körperteile im heiligen Wasser waschen, die Heilung benötigen. Das Wasser besteht aus reinem Leben und kann nicht versiegen, gleich wie viel Sie davon trinken mögen. Es hat eine unerschöpfliche Quelle und nimmt alle Unreinheiten mit sich, die Sie ihm übertragen. Im Persönlichkeitstraining von Stefan Strecker wird diese außerordentliche Technik, wie sich Ihre persönliche Seelenlandschaft entdecken und nutzen lässt, ausführlich behandelt. Eine sehr effektive Technik um Ihr Leben zum Positiven zu verändern!

Fortgeschrittene psychomagische Verführung

Zugang zu veränderten Bewusstseinszuständen

Die folgenden Abschnitte setzen fortgeschrittene Techniken der psychomagischen Verführung ein.
Auf diesem Niveau wird vom Anwender erwartet, die Kunst der Theta-Entspannung und Energie-Kontrolle sowie das Organfeuer gemeistert zu haben. Es ist auch ratsam, dass Gefühle, Empfindungen und taktile Empfindungen der Berührung nach Wunsch erzeugt werden können. Ohne diesen wichtigen Bestandteil kann die Anwendung fortgeschrittener psychischer Verführung sich als schwierig erweisen.
Es nimmt ungefähr einen Monat der ununterbrochenen Theta-Praxis in Anspruch, um die erforderlichen psychischen Fähigkeiten richtig zu entwickeln. Wir empfehlen, dass Sie die Informationen in diesem Abschnitt ohne diese Voraussetzung nicht ausüben. Unzufriedenheit kann sich einstellen, wenn die Verfahren versagen und Sie WERDEN versagen, ohne diese Vorbedingung.

Fortgeschrittenes NLP-Ankern

Viele der fortgeschrittenen Techniken verlassen sich auf veränderte Zustände des Geistes. Durch Einstimmen auf die Schumann-Frequenz erhöht sich die Energie und Telepathie wird leichter. Das Problem besteht darin, dass der größte Teil der Verführung in Anwesenheit des Ziels und während vollkommen geistiger Klarheit und einem wachem Geist stattfinden muss. Es gibt eine elegante Abkürzung, die dieses Problem umgeht: Ein Anker.

Der Schlüssel ist, den veränderten Bewusstseinszustand im erzeugten Theta-Niveau zu verankern.

In den vorherigen Kapiteln erlaubte Ihnen die Technik des Color-Shifting auf den Theta-Bewusstseinszustand zuzugreifen und in diesem Zustand mit der psychischen Verführung fortzufahren.

Das Color-Shifting kann zu einem schnellen Werkzeug werden, wenn es mit einem Anker gekoppelt ist, um veränderte Zustände fast blitzschnell zu erzeugen. Das Ziel des Verankerns ist, einen Schalter zu schaffen, der sofort den Theta-Zustand zu jeder Zeit und an jedem Ort aktivieren kann. Hier erfahren Sie, wie Sie dies erreichen!

Schwellentechnik

1) Entspannen Sie sich in einer bequemen Position und benutzen Sie das Color-Shifting um in den Alpha-Zustand zu gelangen. Warten Sie ein paar Minuten NACHDEM Sie den Zustand erreicht haben und erlauben Sie sich dann, sich in einen leichten Schlaf treiben zu lassen. Versuchen Sie KEINE Verführungsvisualisierungen. An diesem Punkt, an der Schwelle zum Schlaf, wenn Farben und Flimmern vor Ihrem Auge erscheinen und Sie sich des bevorstehenden Schlafs bewusst sind, ankern Sie diesen Zustand, indem Sie mit der Spitze Ihres Daumens der rechten Hand die Spitze Ihres kleinen Fingers derselben Hand berühren und so einen Ring bilden. Sprechen Sie im selben Moment in Ihrem Innern das Wort „THETA“ und sehen Sie es großgeschrieben vor Ihrem inneren Auge, schlafen Sie dann ein. Sie haben einen starken Anker gesetzt, der Ihnen erlaubt, auf den Theta-Zustand zurückzugreifen.[10]
2) Psychologen haben festgestellt, dass Erinnerung permanent wird, wenn etwas siebenmal wiederholt wird. Dies ist die magische Zahl. Wir wollen, dass die Kraft des Ankers tief in ihre Psyche eingebettet wird, deshalb muss der erste Schritt SIEBENMAL innerhalb eines Tages wiederholt werden. Dehnen Sie die Übung auf eine Stunde aus.
3) Wann immer Sie jetzt auf diesen Zustand zwischen Wachen und Schlafen zugreifen wollen, berühren Sie einfach die erwähnten Finger, hören und sehen Sie in Ihrem Inneren das Wort „THETA“ und seien Sie überrascht, wie fast augenblicklich sich dieser Zustand in Ihnen einstellt. Ihr Geist wird automatisch auf den Niederfrequenzen schwingen, die Sie mit dem Color-Shifting generiert haben. Bitte üben Sie dies nicht, wenn Sie gerade Auto fahren oder Maschinen bedienen! Sie befinden sich jetzt im optimalen psychischen Verführungszustand.

---

[10] Eine Wiederholung dieser Ankerprozedur wird die Wirkung verstärken, siehe Punkt 2.

Spirituelle Yogaatmung

Ein Beitrag von Stefan Strecker

Diese Technik hat sich schon vielfach bewährt und diente ursprünglich dazu, einen tiefmeditativen Zustand zu erreichen, der der Regeneration und Heilung dient. So werden Sie also nicht nur den Zugang zum Theta-Zustand bekommen, sondern gleichzeitig Ihre Energie steigern und sich frischer und gesünder fühlen! Probieren Sie es aus: Wann immer Sie sich müde, krank und energielos fühlen, machen Sie diese besondere Meditation. Für den Kontakt mit dem anderen Geschlecht hilft sie, konzentriert zu bleiben, sich nicht zu schnell von Emotionen forttragen zu lassen und eine entspannte Wachheit zu besitzen und auszustrahlen. Schon fünf konzentrierte Minuten haben die Energie von einer halben Stunden Schlaf. Diese Meditation, auch wenn sie leicht erscheint, wird Sie einige Übung kosten, besonders die zweite Phase ist von tragender Wichtigkeit. Sie können diese Meditation jederzeit, auch mehrmals täglich, durchführen. Falls Sie Einschlafprobleme haben sollten, empfehlen wir Ihnen, sie direkt vor dem Einschlafen durchzuführen, doch beachten Sie bitte hierfür die Anmerkungen am Ende der Technikbeschreibung. Je mehr Sie sie trainieren, umso schneller werden Sie in einen tiefen meditativen Zustand kommen und umso erfrischender wird die Wirkung sein, auch für alle späteren Verführungszwecke. Erfahrungsgemäß benötigt das Training etwa drei Wochen, danach werden Sie nur noch die drei Atemzüge der ersten Phase ausführen müssen und bemerken dann, wie Sie mit jedem Atemzug sofort in einen tieferen Bewusstseinszustand umschalten. Doch den energetischen Nutzen und die heilende Wirkung werden Sie sofort verspüren!

Machen Sie es sich bequem und holen Sie sich eventuell einen Wecker, wenn Sie nur eine bestimmte Zeit meditieren wollen und sonst dabei einzuschlafen drohen. Meditieren Sie immer mindestens fünf Minuten, doch als Anfänger nicht länger als eine halbe Stunde, außer Sie schlafen dabei ein.

1. Phase:

Mit offenen Augen, atmen Sie gleichmäßig durch die Nase ein und, ohne die Luft anzuhalten, durch den Mund wieder aus. Atmen Sie etwa doppelt so lange durch den Mund aus, wie Sie durch die Nase eingeatmet haben. Wiederholen Sie diesen Atemzyklus drei Mal. Nicht weniger! Falls Sie einen vierten Atemzug nehmen, ist dies nicht weiter schlimm, aber nicht notwendig oder verbessernd.

2. Phase:

Schließen Sie die Augen und atmen Sie normal. Denken Sie jetzt an NICHTS. Verbannen Sie alle Bilder, Stimmen, Selbstgespräche und auch nur den Gedanken an Ihre Atmung. Das klingt einfacher, als es ist und erfordert viel Training. Diese Übung gehört zu den schwierigsten mentalen Techniken! Es ist normal, wenn Ihnen dies die ersten Male nicht oder nur kurz gelingt. Beachten Sie die Anmerkungen, die Ihnen bei dieser Phase Hilfe leisten werden.[11]

3. Phase:

Wie Phase 1, öffnen Sie Ihre Augen und wiederholen Sie die drei Atemzyklen.

Falls Sie die drei Atemzüge der dritten Phase vergessen sollten, machen Sie sie, sobald Sie sich daran erinnern. Es kann sonst passieren, dass Ihnen heiß oder schwindlig wird. Falls Sie einschlafen sollten, ist das kein Problem, erinnern Sie sich aber an die dritte Phase, sobald Sie

---

[11] 1. Stellen Sie sich einen bewölkten Himmel vor. Die Wolken sind Ihre Gedanken. Pusten Sie die Wolken einfach weg, sehen Sie, wie der Himmel aufklart, bis er vollkommen wolkenlos ist. Ihre Gedanken werden mit Ihnen verschwinden.
2. Erzwingen Sie es nicht, keine Gedanken zu haben, denn das Gehirn kann nicht von etwas weg denken. Sie können nicht, nicht an einen pinken Elefanten denken. Aber Sie können einen Gedanken durch einen anderen austauschen: zum Beispiel mit einer schwarzen Wand, vollkommener Dunkelheit oder einem hellen Raum ohne erkennbare Ecken.
3. Beobachten Sie Ihre vorbeiziehenden Gedanken, aber unbeteiligt. Lassen Sie sich nicht von ihnen mitreißen und betrachten Sie diese wie gute Freunde, die merken werden, wenn sie stören. Wenn Sie sich nicht auf sie konzentrieren, geben Sie ihnen keine Energie und sie werden mit der Zeit gehen.

aufwachen, es sei denn Sie schlafen die üblichen Stunden Ihrer Nachtruhe, also sechs bis acht Stunden. In diesem Fall (z. B. am nächsten Morgen) ist die dritte Phase nicht notwendig, da sich Ihre Energien im Schlaf von selbst ausgleichen werden.

Nach einiger Übung werden Sie schnell erkennen, dass Sie allein durch den Anker der drei Atemzüge der ersten Phase innerhalb von Sekunden in den Theta-Zustand gelangen![12]

Die Mentalität des Verführers

Was, wenn Sie ungeheure sexuelle Energie auf Wunsch ausstrahlen könnten, wo auch immer Sie sich befinden? Stellen Sie sich vor Männer und Frauen fühlen sich von Ihnen angezogen, wie Eisen von einem Magneten. Fühlen Sie enormes Charisma, das aus Ihren Poren strömt. Sie werden überrascht sein, wie sich andere ohne ersichtlichen Grund von Ihnen angezogen fühlen. Ankern kann eine mächtige Veränderung in Ihrem Leben bewirken und Ihre telepathische Entwicklung stärken. Wenn Sie Ihre Hirnstrommuster neu verdrahten können, so dass verführerische Gedanken ständig aus Ihrem Geist in die anderer gesendet werden, dann wird andere anzuziehen ein Kinderspiel sein.

Die Methode macht einige Schritte nötig:

1) Feuern Sie den Anker, wie im vorhergehenden Kapitel besprochen ab, indem Sie mit Daumen und kleinem Finger einen Ring bilden oder/und die ersten drei Atemzüge nehmen. Es ist notwendig, Ihren Bewusstseinszustand zu verändern!
2) Schließen Sie Ihre Augen und stellen Sie sich schöne Frauen und/oder Männer vor, denen Sie begegnen. Bemerken Sie Details und seien Sie sich der lebendigen Ausstrahlung bewusst, die von Ihnen ausgeht. Vergegenwärtigen Sie sich den Ausdruck auf ihren Gesichtern. Je mehr Details, desto mächtiger die Energie, die Sie schaffen werden.
3) Verwandeln Sie sich buchstäblich in einen menschlichen Magneten von unwiderstehlicher mesmerisierender Art. Stellen Sie sich vor,

---

[12] Probieren Sie dies aus, wenn Sie nicht einschlafen können, Kopfschmerzen haben oder frieren.

dass Ihr Körper die Moleküle eines wirklichen Magneten erlangt hat. Sie sind jetzt ein lebender Frauen-Köder. Strahlen Sie sichtbare Ranken der Energie und Kraft zu den Frauen in Ihrer Umgebung aus, als ob Sie energetische Angelschnüre mit einem unwiderstehlichen Köder auswerfen würden. Fühlen Sie, wie Sie zu den Frauen und die Frauen zu Ihnen regelrecht hingezogen werden. Sie müssen dieses Gefühl ENERGETISIEREN. Fühlen Sie, wie sich Ihre Haare statisch aufrichten. Sie sind ein Magnet und die Frauen werden unwiderstehlich sichtbar angezogen. Bemerken Sie die verwirrte Erregung in ihren dahinschmelzenden Gesichtern. Erkennen Sie, wie sie leicht versuchen zu widerstehen, aber letzten Endes erliegen sie der physischen, emotionalen und geistigen Anziehung, umso näher und näher sie kommen.[13]

4) Schließlich werden Sie von allen umringt und bewundert sein, während Sie in einer Euphorie schwimmen. Wälzen Sie sich in den Umarmungen und schwelgen Sie in den emotionalen Empfindungen der Anziehungskraft, die Sie ihnen geben. Sie umarmen, streicheln und lieben Sie.
5) Im intensivsten Augenblick verankern Sie den Zustand durch Verbinden Ihres Daumens mit Ihrem Mittelfinger und sprechen Sie das Wort „Verführung" laut aus. Sie haben einen mächtigen Anker geschaffen, den Sie jederzeit benutzen können.
6) Der geistige Anker kann weiter durch Wiederholung der Visualisierung und die Erinnerung an Erfahrungen maximaler Leistung verstärkt werden, wie die an ein vorangegangenes tiefleidenschaftliches Liebeserlebnis.
7) Gelegenheiten, die einen sofortigen Verführungszustand verlangen, können durch diesen Anker ergriffen werden. Wenn Sie den Anker abfeuern, überfluten Sie sie nicht nur mit positiven Gedanken, Sie entladen buchstäblich Blitze knisternder Energie auf alle um Sie herum befindlichen Personen. Frauen in Ihrem Blickfeld können plötzlich Anziehungskraft oder eine besondere Wärme fühlen. Bemerken Sie, dass einige Personen sogar Umstände schaffen können,

13 Je mehr Sie zu widerstehen versuchen, umso mehr Aufmerksamkeit geben Sie der Ursache und bestärken sie dadurch nur.

um Sie kennen zu lernen. Vielleicht ein Blinzeln, ein Augenaufschlag, jemand stößt versehentlich gegen Sie oder stellt eine Frage.
8) Ihre Entschlossenheit hat großen Einfluss auf das Ergebnis der Situation! Handeln Sie schnell.

Was ist das Grundprinzip hinter dieser Methode? Während besonders intensiver Erfahrungen vibriert der Geist auf Frequenzen, die nicht nur Sie selbst beeinflussen, sondern auch andere. Psychische Ausstrahlungen pflanzen sich durch Zeit und Raum fort und beeinflussen die Gedanken der Menschen in Ihrer Nähe. Haben Sie schon einmal bemerkt, wie äußerst glückliche Leute andere glückliche Menschen um sich herum versammeln oder wie verdrossene Individuen andere herunterziehen? Gefühle sind wie ein Virus. Sie verbreiten sich. Unsere Gedanken beeinflussen uns und andere. Je stärker die Gefühle, desto größer die Wirkung. Verführerische Gedanken vibrieren auf hohen Niveaus und schaffen geistige Frequenzen, welche schnell amourösen Einfluss haben.[14]

Bewertung dieser Technik: Die Geisteshaltung des Verführers zieht erstaunliches Feedback nach sich. Abgesehen von unterschwelliger Anziehungskraft überschwemmt die Technik das Gehirn mit körpereigenen Glückshormonen. Gesundheitlich ist das vorteilhaft und färbt sogar Ihre Persönlichkeit mit einer positiven, zuversichtlichen Ausstrahlung.
Diese Zuversicht wird schließlich permanent. Erinnern Sie sich, dass Gleiches Gleiches anzieht. Die natürliche verführerische Geisteshaltung, die Sie mit sich tragen, zieht andere sexuell empfängliche Personen an und macht psychische Verführungsbemühung praktisch mühelos. Sie werden ein Charmeur.

Schlussbemerkung: *Meistern Sie diese Technik.* Diese Methode verspricht eine 99% Erfolgsquote.

---

[14] Wenn Sie Ihre Verführermentalität weiter ausbauen wollen, empfehlen wir Ihnen die DVD „NLP-Verführung Practitioner“.

Fortgeschrittene spirituelle Energienutzung

Gedanken schaffen Realität

Die physische Welt ist die greifbare Manifestation der Gedanken. Was wir vor uns sehen, hat zuvor einmal in dem Geist anderer existiert.

So wie Ihre Gedanken die materielle Ebene beeinflussen können, so können Sie auch die Gedanken von anderen verändern. Normalerweise können Sie nicht einen geistigen Befehl einfach erschaffen und erwarten, dass andere Ihrer Bitte folgen. Warum können wir greifbare Realität aus Gedanken schaffen, aber scheitern daran, die Gedanken anderer zu beeinflussen? Was fehlt? Energie! Ihr Geist und der Geist von anderen vibrieren mit ätherischer Substanz, bekannt als Prana oder Chi. Um sich über den Einfluss eines anderen Geistes hinwegzusetzen, müssen Sie Ihre Gedanken mit weitaus höherer Energie aufladen. Das Finden eines kosmischen Schalters und ihn an immense unangezapfte Energie anzuschließen, ist leichter als Sie sich das vorstellen mögen, weil alle notwendigen Werkzeuge bereits in Ihnen stecken... diese psychischen Kraftzentren sind als Chakren bekannt. Sie besitzen einen Vorteil gegenüber anderen, wenn Sie Ihre Chakren nach Wunsch beeinflussen können.

Chakren sind wirbelnde Sphären purer Energie. Die Kirlian-Fotografie bewies die Existenz dieser Energiezentren als erste. Für das normale Auge unsichtbar sind diese Energiekugeln hunderte an der Zahl. Haupt- und Unterzentren dieser Energie befinden sich überall auf, in und um Ihren Körper und versorgen Sie mit spiritueller Energie.

Diese Chakren ziehen Energie von ihrer Umgebung und aus anderen Dimensionen und agieren als Wandler und Verteilerzentren ihres Astralkörpers. Aikido Meister sind erfahren in der Manipulation dieser Zentren. Einige sind zu einem Grad fortgeschritten, die Chakren von anderen kollabieren zu lassen und so größere Gegner unschädlich zu machen.

Aber solche Fähigkeit ist für die psychische Verführung nicht notwendig. Um den Geist von anderen zu verführen, werden Sie Ihre Energiezentren nutzen, um die Chakren jener Personen zu manipulieren und

Ihre Gedanken mit dieser Energie anreichern. Einmal damit aufgeladen, können Sie andere sehr leicht beeinflussen und elementare Gefühle erwecken.

Parapsychische Fährtenleser

Parapsychische Verführung über große Distanzen. Stellen Sie sich vor, den Geist eines schönen Ziels von der Komfortabilität und Anonymität Ihres Heims zu beeinflussen ohne die mühsame sexuelle geistige Arbeit der vorherigen Abschnitte dieses Buches. Die parapsychischen Fährtenleser sind programmierte Energiekugeln, die Sie in die Atmosphäre entlassen, um für Sie die Verführungsarbeit auszuführen. Diese sind „Spurensucher", weil sie ihr Ziel jagen und sie mit Gedanken der Wärme, Anziehungskraft und auch mit der Lust auf sie erlegen. Das Erschaffen eines Jägers verlangt ungefähr eine Woche der Praxis, aber die Bemühung macht sich um ein Vielfaches bezahlt. Dies ist die Methode:

1) Stellen Sie sich gerade hin und erzeugen Sie Ihren veränderten Bewusstseinszustand mit einer der zuvor angewandten Methoden.
2) Strecken Sie Ihre Hände gerade vor sich, mit den Handflächen zueinander zeigend und mit einer Entfernung von 15 Zentimetern. Tun Sie so, als ob Sie einen kleinen Ball halten würden.
3) In der Mitte beider Handflächen befinden sich untergeordnete Chakren, stellen Sie sich kleine glühende Kugeln aus Energie vor. Sie müssen diese Chakren aktivieren. Um dies zu bewerkstelligen, stellen Sie sich vor, Sie würden entgegen dem Uhrzeigersinn rotieren, ähnlich wie die Feuerwerksräder zu Silvester, sehen Sie sie hell und funkensprühend. Sobald Sie sich das vorstellen können, verdoppeln Sie die Drehgeschwindigkeit! Verdoppeln Sie sie dann noch einmal und reißen Sie sie im Geiste auf. Fühlen Sie eine starke ziehende und kribbelnde Empfindung, als ob Sie die aktivierten Energiesphären beider Hände aufgerissen hätten. Ihre Hand kann pochen und rot werden. Fühlen und sehen Sie vor Ihrem geistigen Auge, wie sich die sprühende Energie jedes Chakras in einem goldenen Strahl konzentriert und Sie den jeweiligen Strahl Ihrer rechten und linken Hand auf den Mittelpunkt zwischen Ihren Handflächen ausrichten und miteinander vereinigen lassen, um eine irisierende Kugel psychischer Energie zu formen. Erlauben Sie der Kugel, zu wachsen

und dichter zu werden. An einem gewissen Punkt werden Sie Widerstand spüren und der Energiefluss wird zurückgehen, was Sie in einem Abschwächen des Kribbelns oder dünner werdenden Energiestrahlen sehen werden, auch wenn dies nur vor Ihrem geistigen Auge passiert! Der Ball ist gesättigt und bereit für seine Entlassung.

4) Eine größere Energiequelle existiert im Chakra, welches etwa ein bis zwei Handlängen über Ihrem Kopf schwebt. Zapfen Sie diese Energie an. Stellen Sie sich einen Globus silberner Energie vor, der über Ihnen schwebt. Fühlen Sie seine Wärme, reißen Sie ihn dann kräftig mit geistiger Kraft auf. Während er zerreißt, fühlen Sie eine Welle der Energie in Richtung Ihres Scheitels fließen, was Ihr Kronenchakra entzündet, das sich genau auf Ihrer Körperachse in dem höchsten Punkt Ihres Kopfes mittig befindet. Während es sich entzündet, stellen Sie sich den Energiefluss abwärts in Richtung Ihres Stirnchakras oder auch „dritten Auges" fließend vor, dass sich etwas erhöht zwischen Ihren Augenbrauen befindet. Lassen Sie es ebenso Feuer fangen.
   Die Energie strömt dann zum Herzen und entzündet das Herzchakra. Das Herzchakra öffnet sich mit überflutender Energie, die hinunter zu Ihren Handflächen und in die Energiekugel drängt und lässt sie weiter wachsen und dichter werden.

5) Als Nächstes müssen Sie die Energiekugel mit einer Absicht oder einem Zweck programmieren. Energie braucht Information. Um die Verbindung zu erleichtern, können Sie der Energiekugel einen Namen geben. Es muss ein einzigartiger Name sein, der große Bedeutung für Sie haben kann. Rufen Sie die Kugel beim Namen, dann befehlen Sie DREI MAL (Der Zahl Drei wohnen mystische und übersinnliche Kräfte inne. Man sagt, dass dreimal Ihren Schutzengel zu rufen, Ihren spirituellen Führer erscheinen lässt.), in einer einfachen gehaltenen Aussage Ihren Wunsch. Sagen Sie zum Beispiel, „Erotikon, ich will, dass du Denise mich attraktiv finden lässt!" Sprechen Sie den Befehl in einem sicheren, bestimmten Ton. Sprechen Sie mit Kraft. Laden Sie die Kugel mit zielsicherer Absicht auf, dann schließen Sie Ihre Augen und geben Sie Ihre benannte Kugel in die Atmosphäre, auf Ihr Ziel frei. Während Sie die Kugel freigeben, er-

füllen Sie sich mit Erwartung, dass das Objekt Ihres Wunsches mit dem Energieball verschmilzt.

6) Senden Sie Ihre Kugeln mehrmals im Laufe des Tages, um die Wirkung zu erhöhen. Experimente haben gezeigt, dass drei Bälle genug sind, um die Empfindung einer Frau oder eines Mannes Ihnen gegenüber zu beeinflussen. Sie können eine Reihe von Gefühlen in Ihrem Zielobjekt hervorrufen, abhängig von Ihren Programmierungen. Aber die wirksamsten Befehle sind diejenigen, welche intensive Gefühle wie Liebe, Angst oder Verlangen auferlegen.

Bewertung dieser Technik: Die parapsychischen Fährtenleser haben unterschiedliche Wirkung erzielt. 70% des Anwender-Feedbacks belegen eine angehende bis erfolgreiche Verführung. Die Ziele reagierten mit bevorzugenden bis hin zu deutlich animierten Gesprächen und positiver Körpersprache. Ein geübter Anwender des Organfeuers war begeistert davon, dass die parapsychischen Fährtenleser dazu dienen können, Ziele nachgiebiger und empfänglicher für das Organfeuer zu machen. Experimente mit unterschiedlichen Färbungen der Energie zeigten verschiedene Resultate.
Die anderen 30% fanden die Technik zu schwach. Einem anfänglichen Augenkontakt folgte nichts weiter. Ihre Erfolgsskala kann also unterschiedlich ausfallen.

Schlussbemerkung: Meistern Sie diese Technik. Diese Methode erlaubt eine Erfolgsrate mit bis zu 70% und kann die Wirkung anderer Techniken positiv beeinflussen.

Die infernale Verführung

Wir haben eine der besten Techniken für den Schluss aufgespart. Die infernale Verführung ist für diejenigen, die sich danach sehnen, eine sofortige Wirkung zu sehen und die mehr aktive psychosexuelle Verführung weniger schätzen. Die infernale Verführung ist die Lieblingstechnik vieler, schlicht wegen ihrer Wirksamkeit. Sie können Resultate sofort nach ihrer Anwendung erkennen. Wegen der immens erforderlichen Vorstellungskraft jedoch benötigt diese Technik die meiste Zeit und Anstrengung um gemeistert zu werden. Üben Sie dafür den Theta-Zustand um Ihre Chakren spontan aktivieren zu können.

Die infernale Verführung vereinigt alle vorherigen Methoden. Sie werden jetzt erfahren, wie Sie unwiderstehliche Anziehungskraft im Geist Ihres Ziels zu erzeugen:

Die Vorbereitung der infernalen Verführung

1) Feuern Sie den Theta-Zustandsanker ab. Stellen Sie sich dann die Frau oder den Mann Ihrer Träume vor Ihrem geistigen Auge vor.
2) Gebieten Sie jetzt im Stillen über sich: „Ich bin ein starkes sexuelles Leuchtfeuer! Ich ziehe alle Frauen an!“ Dies ist Ihr neuer Anker, der Ihnen erlauben wird, den Zustand zu erzeugen, den Sie von jetzt an in sich hervorrufen werden. Wenn Sie eine Frau sind, ändern Sie das Geschlecht Ihrer Affirmation entsprechend.

Die Anwendung der infernalen Verführung

3) Ergibt sich eine Kennenlernsituation, blicken Sie zu Ihrer erwählten Frau und füllen Sie Ihren Geist mit nichts anderem als liebevollen Gedanken. Denken Sie „Ich will dich lieben“, „Ich will dir alles geben“, „Ich will das Beste für dich tun, wozu ich fähig bin“. Wenn Sie können, stellen Sie sich Ihre Gedanken als rosafarbene Bälle vor, die zu Ihrem Ziel schweben. Dies ist bekannt als der „Psychische Dämpfer“ und er erzeugt einen psychischen Rapport zwischen Ihnen und dem Ziel, weil alle negativen Barrieren im Ansturm der liebenden Gedanken untergehen. Rosa ist auch bekannt als das universelle energetische Heilmittel, dass jede energetische Verteidigung durchdringen kann, die jemand gegen Sie oder allgemein errichtet haben mag.
4) Senken Sie gelegentlich Ihren Blick... eine Flirttaktik, die Neugier in Ihrer Zielperson hervorruft. Zwischendurch nehmen Sie sie genauer ins Visier, halten Sie also den Blick etwas länger als nur bei Freunden, während Sie noch mehr liebevolle Gedanken aussenden, wenn Sie können.
5) Nähern Sie sich Ihrer Zielperson ein wenig. Halten Sie erneut den Gedanken im Geiste „Frauen kommen zu mir! Ich ziehe Frauen an!“ und während Sie sich nähern, feuern Sie Energiestrahlen aus Ihrer Brust, Ihren Handflächen und Augen in ihre Richtung. Durchtränken Sie die Energie, die Sie ihr senden, mit Ihrer für beide positiven Ab-

sicht. Mit Ihrem Verlangen, Ihren Emotionen. Fühlen Sie eine gewaltige Anziehungskraft zwischen Ihnen.

6) Während Sie sich deutlicher nähern, stellen Sie sich ein magnetisches Ziehen vor, das stärker wird... wie ein wirklicher Magnet, der einen Eisenstab anzieht. Die Empfindung muss greifbar sein. Der Geist denkt in Bildern und durch das Erzeugen dieser Empfindungen und dem Auswerfen der verführerischen Gedanken kreieren Sie unwiderstehliche Gedanken im Geist Ihrer Zielperson.
7) Fühlen Sie das vergebliche Zerren der Frau, während Sie sie anziehen. Vergrößern Sie die glühenden Tentakel der Kraft.
8) Sobald Sie intuitiv den Moment der Sättigung fühlen, projizieren Sie einen endgültigen Ausbruch rosafarbener Energie von Ihrer Brust zur Brust Ihrer Zielperson. Sie laden Ihr Herzchakra mit Ihrer persönlichen Energie auf.
9) Eröffnen Sie ein Gespräch, wobei Sie einen unveränderlichen Blick aufrechterhalten. Sie WERDEN ein tiefes Erröten bemerken, WERDEN Nervosität und vielleicht... einen Schimmer der Anziehung in ihrem Auge sehen.
10) Errichten Sie ein beachtliches psychisches Schild um Sie beide. Vergegenwärtigen Sie sich eine irisierende rosafarbene Kugel, wenn Sie sprechen. Fühlen Sie die Energie Ihrer beider Körper durchfluten und sich mit Ihrer persönlichen Energie vermischen.

Bewertung dieser Technik: Die infernale Verführungstechnik hat bisher noch bei keinem uns bekannten Anwender versagt.

Schlussbemerkung: Meistern Sie diese Technik. Diese Methode verspricht eine 100% -Erfolgsrate.

Das Aura-Feuer

Die größte Quelle für uns erreichbarer Energie ist der Erdkern und die Sonne. Innerhalb der Erde kocht eine elementare Energie, die Sie nutzen können, um die Aura zu verstärken und um Sie herum Empfindungen der Wärme zu erzeugen. Das Aura-Feuer erlaubt Ihnen, Ihre Aura auszuweiten und sie zu benutzen, um andere mit Ihrer persönlichen Energie einzuhüllen und sie dadurch mitfühlend und liebend Ihnen gegenüber werden zu lassen. Diese Technik ist einfach.

1) Stehen Sie aufrecht und schließen Sie Ihre Augen, Beine schulterbreit und Arme an den Seiten Ihres Körpers ruhend. Blicken Sie im Geiste in die Tiefen unter Ihnen und werden Sie sich des glühenden Kerns im Zentrum der Erde bewusst. Während sich Ihr Bewusstsein darüber verstärkt, werden Sie ein beginnendes Kribbeln in Ihren Fingerspitzen und Ihren Fußsohlen bemerken.
2) Wenn die prickelnde Empfindung beginnt, stellen Sie sich vor, wie der Kern sich öffnet und einen riesigen Strahl Energie in Ihre Richtung freilässt, der Sie mit rosaroten und grünen Farben durchflutet. Die Energie drängt aufwärts durch Ihre Füße und Ihren Körper zu Ihrem Kronenchakra. Sehr bald wird Ihr Körper vibrieren!
3) Erlauben Sie dem Energiefluss sich fortzusetzen, während Sie sich die Sonne vorstellen, die silberne und gelbe Strahlen von oben herab strahlt. Die Energie rauscht herab und vermischt sich mit dem Fluss aus dem Erdinnersten. Sie befinden sich in einem starken Mahlstrom prächtiger Farben, die Sie in beiden Richtungen durchströmen. Die gegenläufigen Polaritäten tanken Ihre Aura mit Energie und vergrößern Sie um etwa 17 Zentimeter. Spüren und sehen Sie sie 17 Zentimeter im Radius um sich ausbreiten.
4) Befehlen Sie den Sie umgebenden Energien, sich in einem permanent wirbelnden Tetraeder von Regenbogenfarben zu verdichten, der so genannten Merkaba. Der Tetraeder setzt sich aus zwei dreiseitigen Pyramiden zusammen, eine mit der Spitze nach oben, die andere mit der Spitze nach unten. Die Pyramide mit der Spitze zur Erde dreht sich im Uhrzeigersinn, die Pyramide mit der Spitze zur Sonne dreht sich gegen den Uhrzeigersinn. Dies müssen Sie sich jedoch nicht im Detail bewusst machen, haben Sie nur im Bewusstsein, dass sie rotieren. Gebieten Sie jetzt über die Energien. Geben Sie Ihnen einen Namen und ein programmiertes Bewusstsein entsprechend dieser Zeilen, „Ich will, dass du, ____________________ (Name) mich mit Liebe, Schutz und Führung einhüllst.“ Es ist wichtig, dass Sie die Absicht DREIMAL und mit äußerster Erwartung aussprechen. Öffnen Sie Ihre Augen und stellen Sie sich eine plötzliche Energieexplosion vor, die von Ihnen nach außen ausstrahlt.

5) Fühlen Sie Stille und Frieden. Während Sie in die wirkliche Welt zurückkehren, betreten Sie sie mit der sicheren Erwartung, dass Menschen TATSÄCHLICH von Ihnen angezogen werden.

Anmerkung: Die Energie kann versiegen. Die maximale Zeitdauer, die Sie erwarten können, dass die Aura Sie mit Ihrem Befehl der Anziehung und Verführung einhüllt, beträgt 12 Stunden. Danach müssen Sie sich wieder reenergetisieren.

Zusätzliche Vorteile des Aura-Feuers

- Psychische Angriffe gegen Sie werden versagen und zum Verursacher zurückprallen.
- Ihr Immunsystem erlebt neue Höhen.
- Menschen werden ungeheure Energie und Energetisierung in Ihrer Nähe erfahren.
- Sie strahlen enormes Chi aus, was Ihre Gedanken mächtiger werden lässt.
- Ihre Intuition erhöht sich spürbar und wird mit größerer Leichtigkeit Ihre Realität erschaffen.

Bewertung dieser Technik: Das Aura-Feuer funktioniert wie psychisches Parfum. Ihre Energiesignatur nimmt sehr harmonische Frequenzen an und mischt sich gut mit denen anderer. Die Energieaufladung und Ausweitung Ihrer Aura in Kombination mit den entsprechenden Farben erschafft einen unterschwelligen psychischen Rapport mit denjenigen, die sich in die Nähe Ihres Aura-Energiefeldes begeben.
Diese Technik ruft laut befragten Anwendern die bisher stärkste positive Resonanz hervor.

Schlussbemerkung: *Meistern Sie diese Technik.* Diese Methode verspricht eine 100%- Erfolgsquote.

Fortgeschrittene parapsychische Verführung

Die Fernverführung

Die Übertragung des eigenen Geistes in einen anderen Körper ist in sehr entspannten Zuständen möglich. Dahinter gibt es eine Wissenschaft und sie ist als „Remote-Viewing“, „Shapeshifting“ oder „Übertragung“ bekannt. Remote-Viewing wurde umfassend durch russische und amerikanische Wissenschaftler genutzt, um vermisste Personen zu lokalisieren, atombetriebene U-Boote aufzuspüren und Raketenabschussrampen zu identifizieren. Die Entwicklung dieser fortgeschrittenen psychischen Technologie erhielt immense Aufmerksamkeit wegen der potentiellen ökonomischen und militärischen Vorteile.
Remote-Viewing, einmal gemeistert, stattet Individuen leicht mit unübertrefflichen Kräften aus.
Stellen Sie sich vor, Sie könnten physisch sehen, welche Geheimnisse sich hinter verschlossenen Türen verbergen und was auf der entgegengesetzten Seite des Globus vor sich geht! Remote-Viewing bemächtigt Sie, Ihr Bewusstsein kurzfristig zu einem anderen Ort, vorzugsweise in einen anderen Körper zu übertragen, um aus der Entfernung auf Seh- und Hörvermögen, sowie den Tastsinn zuzugreifen.
Für Verführungszwecke adaptiert dieses Buch Remote-Viewing Strategien, mit der Absicht, die Gedanken Ihres Ziels zu beeinflussen, ohne physisch am selben Ort anwesend zu sein. Gleich ob er oder sie sich im nächsten Zimmer oder auf dem nächsten Kontinent befindet, Ihr Einfluss wird stark zu spüren sein. Von allen Taktiken in diesem Buch erlaubt Ihnen diese Strategie, jene Gefühle zu erfahren, die Ihr Ziel im Augenblick empfinden mag.
Die Methodik besteht aus einfachen Schritten, zu deren Meisterung nur minimale Anstrengung erforderlich ist. Um ein Meister zu werden, müssen Sie die Schritte wenigstens sieben Mal üben, um sicherzustellen, dass sich Ihr Gehirn an die Empfindungen gewöhnt.

1) Legen Sie sich vollkommen regungslos hin, mit den Armen an den Seiten Ihres Körpers und die Beine nicht überkreuzt. Sie können den Theta-Zustand entweder durch den Korrektor, das Color-Shifting oder die Yogaatmung aktivieren.

2) Wenn alle äußeren Geräusche verklungen sind, stellen Sie sich zuerst vor Ihrem inneren geistigen Blickfeld den gesamten Körper Ihres Ziels vor. Sehen Sie ihn oder sie in allen drei Dimensionen. Während Sie sich auf den Körper konzentrieren, erschaffen Sie eine Kugel rosafarbener Energie (dies ist eine äußerst milde stimmende und spirituelle Schwingung), die Sie beide einhüllt. Erlauben Sie der Energie Sie beide zu durchdringen und Sie beide auf derselben Frequenz schwingen zu lassen. Sehen Sie einen Ausdruck der Stille und Friedens im Gesicht und der Körpersprache Ihrer Zielperson.
3) Beginnen Sie damit, Ihre Umgebung umzugestalten und stellen Sie sich eine physische Umwelt um Sie beide herum vor. Die Genauigkeit muss nicht mit der Realität zusammenhängen.
4) Zwingen Sie Ihr Bewusstsein aus Ihrem vorgestellten Körper in den Ihres Zieles. Sie befinden sich jetzt in ihr, blicken aus ihren Augen. Betrachten Sie Ihren eigenen zurückgelassenen Körper aus den Augen Ihrer Zielperson. Nehmen Sie die Umgebung aus Ihrem neuen Körper wahr. Fühlen Sie jetzt, dass Sie DIE ZIELPERSON sind, vollkommen im Körper und im Geiste verankert. Wenn die Verbindung stark ist, wird Ihre vorgestellte Umgebung verschwinden und sich zu jener formen, die die tatsächliche Umgebung ist, an der sich die Zielperson gerade befindet. Halten Sie die Vorstellung, warten Sie eine Minute und versuchen Sie, auf jene Gefühle und Emotionen zuzugreifen, von denen Sie annehmen, dass sie die Ihres Ziels sind. Sie müssen versuchen, in Synchronizität mit Ihrer wahren Realität zu kommen. Sie werden sich bombardiert mit verschiedenen fremdartigen Empfindungen vorfinden.
5) Sobald Sie fühlen, dass Sie aufrichtig spüren, die andere Person zu sein, blicken Sie zu Ihrem ursprünglichen Körper, den Sie zurückgelassen haben. Sehen Sie Ihren Körper an und stellen Sie sich vor, sich in Ihr Bildnis zu verlieben. Fühlen Sie das Verlangen und die Lust auf diesen Körper. Noch immer in dem Körper der Zielperson, gehen Sie hinüber zum anderen Körper, Ihrem Ursprungskörper, und umarmen Sie sich selbst. Fühlen Sie eine Flut intensiver Gefühle. Automatisch werden Sie gleichzeitig starke Gefühle des Verlangens in der wirklichen Person hervorrufen... eine starke Anziehungskraft ZU IHNEN!

Variation der Übung für die Fernverführung

Sobald Sie sich im Körper der Zielperson befinden, stellen Sie sich einen Rollentausch vor: Sie als Zielperson versuchen Ihr ursprüngliches Selbst zu verführen, doch dieses reagiert zunächst abweisend, was den Anreiz für die Zielperson nur noch steigert!

6) Sie können in dieser künstlichen Realität für 20 bis 30 Minuten verbleiben, aber nicht länger, weil der Geist Ihres Ziels beginnen wird, Ihrem Einfluss zu widerstehen. Ziehen Sie sich aus der künstlichen Realität in den alltäglichen Wachzustand zurück, sobald Sie fühlen, dass Sie eine sehr starke Verbindung geschaffen und liebende Energie aus dem Körper der Zielperson in Ihren Körper übertragen haben.

Bewertung dieser Technik: Das Remote-Viewing ruft verschiedene Reaktionen hervor. 20% des Feedbacks zeigen leichte bis erfolgreiche Resultate. Die Ziele reagieren offener mit direkten bis animierten Gesprächen und positiver Körpersprache. Die anderen 80% schaffen es nicht, ihr Bewusstsein zu transferieren, wodurch kein Einfluss erzielt werden kann.

Schlussbemerkung: Die Höhe der Schwierigkeit und ethische Überlegungen mögen den durchschnittlichen Anwender entmutigen. Experimentieren Sie damit, aber wir empfehlen bei zu geringer Motivation für diese Technik, sich auf andere Methoden zu konzentrieren.

Shapeshifting durch rituelle Körperhaltungen

Ein Beitrag von Stefan Strecker

Sich in eine Raubkatze verwandeln, in diesem Fall in den „Tätowierten Jaguar" öffnet Ihnen den schamanischen Raum der Verwandlung in andere Lebewesen. Wobei Sie sich nicht wirklich verwandeln, sondern mit Ihrem Geist in das energetische Abbild eben dieses Tieres einsteigen. Beeindruckend ist es, gerade für Anfänger, sich tatsächlich als das angestrebte Tier zu erleben.

Der Sinn hinter dieser Übung ist es, nicht einfach eine spannende Erfahrung zu machen, sondern Zugriff auf die Qualitäten des energetischen Abbilds zu bekommen. Im Falle des „Tätowierten Jaguars" ist es

Wachsamkeit, Zentrierung, Sinnesschärfe, Kraft, Eleganz und sich der eigenen Stärke bewusst sein. Allesamt Eigenschaften, die Ihnen auch für einen erfolgreichen Flirt zur Seite stehen werden.

Die fünf Bewusstseinsteile

Sie haben fünf Teile Ihres Bewusstseins, die Sie alle in das Tier übertragen können. Diese sind das Sehen, Hören, Fühlen, Schmecken und Riechen. Üblicherweise nutzen Menschen eines oder zwei davon als Hauptwahrnehmungsfilter, zum Beispiel den Sehsinn und das Körpergefühl, während andere eher an dritter Stelle kommen oder so gut wie gar nicht ausgebildet sind. So werden es Ihre ein bis zwei hauptsächlich aktivierten Sinne sein, die Sie im Alltag meist benutzen, um Ihr Umfeld wahrzunehmen und darauf zu reagieren – diese beiden Sinne werden auch meistens in dieser schamanischen Trance deutlicher auf das ausgewählte energetische Abbild übertragen und führen so zu der Wahrnehmung, die Sie in den nur 15 Minuten erleben werden. Sind Sie also eher visuell veranlagt, werden Sie in der rituellen Haltung vermutlich bildliche Eindrücke deutlicher wahrnehmen, während kinästhetische Menschen eher ein verändertes Körpergefühl vorfinden werden.

Was Sie benötigen

Rhythmische Klänge, zum Beispiel eine Rassel oder Trommel, im Takt von 210 Schlägen pro Minute. Sie können sich diese am besten selbst auf Tonband aufnehmen oder einen Freund bitten, dies für Sie bei der Trance zu übernehmen. Die Art des Tongebers ist dabei nicht entscheidend, der Rhythmus jedoch sehr.
Dauer der Trance, in der Sie die Körperposition möglichst unverändert beibehalten: 15-20 Minuten.
Nehmen Sie die Haltung ein, wie nachfolgend beschrieben, am besten auf einer bequemen Decke auf dem Boden. Falls Sie unterstützende Kissen benötigen, so ist das in Ordnung. Je mehr Sie sich entspannen können, und dabei wach und aufmerksam bleiben, umso deutlicher wird Ihr Erleben sein. Die rituelle Körperhaltung des „Tätowierten Jaguars" ist entlehnt aus dem hervorragenden Buch von Felicitas Goodman: „Ekstatische Trance". Wer mit vielen weiteren Körperhal-

tungen zu verschiedenen Zwecken experimentieren will, dem lege ich diese Buch wärmstens ans Herz.

- Sitzen auf den Fersen mit weit auseinander gespreizten Oberschenkeln.
- Die großen Zehen berühren sich.
- Die Arme sind angewinkelt.
- Die Hände sind zu Fausten geformt, Daumen außen.
- Die Fäuste liegen wie Pfoten auf den abgewinkelten Fingerknöcheln – die senkrecht nach vorne weisen – kurz vor der Kniescheibe auf.
- Die Arme stützen sich steif auf die „Pfoten". Dadurch wird der Oberkörper nach vorne geneigt.
- Rücken trotz Körperneigung gerade halten.
- Kopf und Blick geradeaus halten, leicht erhoben.
- Mund leicht geöffnet.

Variation der Übung für die Bewusstseinsteile

Das Bewusstsein der Nase, der Geruchssinn, wird oft vernachlässigt. Wollen Sie einmal mit diesem aktivierten Sinn in den „Tätowierten Jaguar" einsteigen, empfehle ich Ihnen vorab das Buch „Das Parfum" von Patrick Süskind zu lesen und währenddessen oder kurz danach erneut in den „Tätowierten Jaguar" zu gehen.

Magischer Händedruck

Es gibt ein tantrisches Geheimnis, das von Meistern der Verführung zur psychischen Verführung anderer nur durch einen bloßen Händedruck benutzt wird! Bevor Sie in die Welt hinausgehen, öffnen Sie Ihre Hand und starren Sie auf Ihre Handfläche. Reiben Sie Ihre Handfläche, bis sie rot wird. Stellen Sie sich jetzt den glühenden Energieball in Ihrer Handfläche vor. Dies ist Ihr Handchakra. Stellen Sie sich einen Wirbel gegen den Uhrzeigersinn vor, der Lichtfäden auswirft und vor Energie sprüht. Sie können zwei Minuten warten, dann REISSEN Sie ihn auf. Fühlen Sie eine zerrende und knisternde Empfindung. Sie haben Ihr Chakra aktiviert.

Stellen Sie sich rote und rosafarbene Energiebänder vor, die in Ihre Chakren strömen. Ihre Hand wird tatsächlich pochen und sehr rot werden. Wenn Sie das nicht tut, beginnen Sie dieses Buch und die darin befindlichen Übungen noch einmal von vorn.
Erlauben Sie, dass Energie ununterbrochen in Ihre Hand fließt. Während Sie das tun, stellen Sie sich die Energie sehr sexuell und sehr männlich oder weiblich vor. Wenn Sie es wünschen, können Sie sich die Energie aus hunderttausenden Vaginen und Penissen auf dem Globus strömend vorstellen. Ihre Hand verwandelt sich zu einem sexuellen Magnet. Schließlich wird der Energiefluss zurückgehen und Ihr Handchakra wird sich weigern, mehr zu absorbieren. In diesem Augenblick starren Sie bewusst auf Ihre Hand und befehlen Sie ihr und Ihrem Chakra, ein Verlangen auf jeden zu übertragen, den sie berührt.
Im Geiste verdichten Sie ein Bild einer Person, die sich in jenem Moment in Sie verliebt, wenn Sie ihre Hand schütteln. Wenn Sie fühlen, dass Sie ausreichend die Gedankenform ausgearbeitet haben, richten Sie Ihre Hand zum Himmel und stellen Sie sich einen blauen Zylinder aus Licht vor, der sich in Ihre Hand ergießt und der Ihren Befehl und die Energien in Ihrer Handfläche verschließt. Das blaue Licht verhindert größere Energielecks und erlaubt Ihrer Hand für etwa sechs Stunden „verführerisch“ zu bleiben.

Führen Sie Ihre Hand zur Aktion. Wenn Sie Hände schütteln, fühlen und sehen Sie Ihre Energieübertragung über die Handfläche. Sie müssen innerlich WISSEN, dass andere große Anziehungskraft Ihnen gegenüber empfinden. Seien Sie überzeugt davon, dass der Wunsch nach Leidenschaft sogar mit der geringsten Berührung entzündet wird. Wann immer Sie dies tun, frischt Ihr Handflächenchakra automatisch das sexuelle Energiefeld auf und bewirkt Erregung in der anderen Person.

Bewertung dieser Technik: Der psychische Händedruck zeigt sich beinah ebenso effektiv wie das Aura-Feuer, allerdings zu einem geringeren Grad. Es wurde eine 80%ige Erfolgsrate berichtet.

Schlussbemerkung: *Meistern Sie diese Technik.* Diese Methode vereint mit dem Aura-Feuer ist eine potente Kombination.

Die Voodoo-Kerze

Mit psychischer Energie geladene Kerzen können, wenn dies auf die richtige Weise geschieht, ein Netz magischer Anziehungskraft weben. Es gibt eine einfache magische Formel, die eine Explosion der Leidenschaft erzeugt. Die Wirkungen sind nicht sehr lang anhaltend; dennoch können Sie dies für Ihre eigene Unterhaltung benutzen.
Das Verfahren verlangt nach einer einfachen rosafarbenen Kerze und einem Feuerzeug. Halten Sie die Kerze an Ihre Stirn und stellen Sie sich Ihren Körper vor, der enorme rotgefärbte Energie von der Erde absorbiert. Fühlen Sie die Energie Ihre Beine hinauf fließen, in Ihren Brustkorb, Ihre Arme bis zu Ihrem Kopf. Während Sie dies tun, kanalisieren Sie die Energie in die Kerze.
Drängen Sie sich selbst zu glauben, dass die Kerze das Geschlechtschakra Ihres Zieles ist. Das Geschlechtschakra ist ein glühendes Energiezentrum im Schamgebiet auf halbem Weg zwischen dem Geschlechtsteil und dem Anus, ähnlich dem Handchakra. Greifen Sie die Kerze fest und seien Sie innerlich davon überzeugt, dass sie ganz und gar zu dem Sexchakra Ihres Zieles geworden ist. Sie müssen WISSEN, dass es ihr Chakra ist. Alternativ können Sie sich vorstellen, dass die Kerzenspitze die Klitoris oder die Eichel des Penis ist.
Öffnen Sie Ihre Augen und hauchen Sie ehrerbietig Leben in die Kerze. Schließen Sie Ihre Augen wieder und seien Sie emotionslos davon überzeugt, dass sie Ihr Ziel dazu bringen wird in einem Orgasmus zu explodieren. Öffnen Sie Ihre Augen und zünden Sie die Kerze an. In dem Augenblick, in dem der Docht Feuer fängt, stellen Sie sich vor, wie das Sexchakra Ihres Zieles in Eruptionen aus Energie explodiert. Alternativ können Sie sich kurz vorstellen, dass sich die Kerze plötzlich wie eine Vagina im Orgasmus kontrahiert oder wie der erregte Penis im Orgasmus Samen ausspritzt. Während Sie all dies tun, behalten Sie eine ruhige, klinische Haltung oder der Energietransfer kann misslingen. Erfüllen Sie sich mit der Absicht, Ihr Ziel sanft zu sich zu ziehen.

Negative und gewaltsame Gedanken werden Widerstand erschaffen!

VERBANNEN Sie alle Gedanken aus Ihrem Geist. Wiederholen Sie das Entzünden so oft Sie wollen, dann werfen Sie die Kerze weg oder lassen sie herunterbrennen und VERGESSEN Sie diese Sitzung. Sie haben enorme Mengen Energie freigegeben, die dazu führen werden, dass sie oder er sich von Ihnen angezogen fühlt. Das erwartete Resultat ist augenblickliche Anziehungskraft.

Bewertung dieser Technik: Die Kerzentechnik verlässt sich auf eine reine Energieübertragung. Die Wirkung tendiert dazu abzuklingen und nur wenige Minuten anzuhalten. Als bedeutender Nachteil ist anzumerken, dass diese Methode das Ziel freundlich und offen gegenüber dem nächstgelegenen Mitglied des anderen Geschlechts werden lässt. Bis heute hat dieser Weg nicht dazu geführt, jegliche Form sexueller Erregung hervorzurufen.

Schlussbemerkung: Wenig Erfolg wurde mit dieser Technik berichtet. Eine witzige Rezension erhielten wir von einer Frau, die behauptete, diese Methode auf einen Nachrichtensprecher angewendet zu haben. Jedes Mal, wenn sie die die psychische „Explosion“ erzeugt hat, während er im Fernsehen berichtete, schien dieser Mann ein wenig auf dem Stuhl hin und her zu rutschen und sich zurechtmachen zu müssen. Das Resultat ist überraschend schnell, dient doch mehr der Ablenkung als ein Werkzeug der Anziehung.

Pentagrammzauber

Das Erschaffen von Realität aus Gedanken kann eine große Herausforderung sein, doch wenn Sie genügend Chi-Energie generieren, wird es geschehen. Je mehr, umso schneller und je einfacher zu realisieren, umso schneller.

Es existiert eine Technik, die Pentagrammzauber genannt wird und sie sammelt riesige Mengen an Chi über den Zeitraum eines Monats. Wenn sie korrekt angewendet wird, wird sie Ihnen einen Wunsch erfüllen. Sie werden Erfolgsraten dieses Systems entdecken, die Ihre Erwartungen bei weitem überschreiten werden. David St. Claire ist der Erfinder dieses Verfahrens.

Die Technik des Pentagrammzaubers

Wissen Sie zuerst GENAU, was Sie wollen. Kreieren Sie einen „Satz des Verlangens“, einen sehr spezifischen Satz Ihres Wunsches mit präzisen Angaben wer, wo, was, wann, mit wem und warum.

Zum Beispiel: „Ich wünsche 1 Million Euro, steuerfrei, geliefert an mich, ohne Verpflichtungen, am 20. Dezember 2012."

Dies ist Ihr Wunsch und jetzt werden wir das in Symbole übersetzen, die fortlaufend Chi-Energie für einen Monat anziehen und speichern.
Erinnern Sie sich daran, dass ohne Energie nichts stattfinden kann. Ihr Auto wird nicht laufen. Der Ofen wird nicht heizen. Ihre Magie wird nicht arbeiten.
Nehmen Sie jetzt ein großes Blatt Papier und zeichnen Sie einen fünfzackigen Stern darauf.

An der oberen Spitze des Sterns zeichnen Sie ein Symbol für „ich". Die Spitze des Sternes symbolisiert, WER den Wunsch bekommt. Sie kann auch symbolisieren, wer oder was das Ziel Ihres magischen Einflusses ist.

Gehen Sie im Uhrzeigersinn vor. Am folgenden Punkt ist die „Was"-Sektion. Was genau ist es, das Sie sich wünschen. Da Sie sich eine Million Euro wünschen, steuerfrei, können Sie eine Euromünze mit einer gebrochenen Kette zeichnen, um Geld ohne Verpflichtungen zu symbolisieren. In der Psysex-Sprache ist der „Was"-Bereich die Programmierung oder die Anweisung, die einem Zauberspruch gegeben wird. Das ist, was Sie geschehen lassen wollen!
Dieser Teil ist kritisch und Sie sollten sich sehr gut überlegen, was Sie dort eintragen. Überdenken Sie immer folgendes: Wenn der Wunsch tatsächlich erfüllt wird, was habe ich dadurch erreicht? Bei dem Wunschbeispiel dieses Buches kann es „Zufriedenheit" oder „Sicherheit" bedeuten. Ihr Unterbewusstsein wird jedoch vielerlei Wege kennen, diese Absicht zu erfüllen, eventuell auch ohne die Million Euro! Bedenken Sie dies, formulieren Sie präzise und beobachten Sie, was genau in Ihrem Leben daraufhin geschieht! Größere Wünsche benötigen oft mehr Zeit als kleinere, also haben Sie Geduld, mit der Zeit und ausdauernder Übung wird sich die Zeit zwischen Wunsch und Erfüllung verkürzen!

Die folgende Spitze ist der „Wo"-Abschnitt. Zeichnen Sie ein Symbol Ihres Hauses, weil Sie das Geld in Ihr Haus geliefert haben wollen. Der „Wo"-Abschnitt diktiert, wo die Chi-Energie die von Ihnen gewünschte Realität erschaffen soll.

An der folgenden Spitze ist der „Wann“-Bereich. Zeichnen Sie einen Kalender mit dem genauen Datum, an dem das Ereignis geschehen soll. Die „Wann“-Sektion ist bedeutend, weil Ihre Energien Kraft konzentrieren werden, Ihren Wunsch an diesem genauen Datum zu manifestieren.

Am letzten Punkt des Sternes ist der „Warum“-Abschnitt. In Symbolen, schreiben Sie WARUM Sie denken, dass Sie die Erfüllung dieses Wunsches verdienen. Sie können einen logischen Grund geben, dass dieser Wunsch Ihnen helfen wird, von besserem Nutzen für Ihre Mitmenschen zu sein. Zeichnen Sie in diesem Fall eine Säule, die die Welt trägt. Erinnern Sie sich, dass Entitäten außer der unseren existieren. Es gibt Engel, Dämonen und Geister. Sollte einer vorbeiziehen und den Wunsch hegen Ihnen zu helfen, wird Ihr Grund für das Ausüben des Zaubers die Entscheidung für eine eventuelle Hilfe bestimmen.

Jetzt, da Sie Ihr Pentagramm geschaffen haben, konzentrieren Sie sich darauf und seien Sie sich dessen völlig bewusst, was jedes einzelne und alle Symbole gemeinsam als Symbol bedeuten. Stellen Sie die Zeichnung an einem Ort auf den Sie, aber nur Sie, alltäglich und sehr häufig sehen werden. Konzentrieren Sie sich darauf und wiederholen Sie Ihre Erklärung gegenüber dem Universum in vollem Umfang drei Mal. Während Sie dies tun, arbeiten Sie sich durch die Symbole wobei Sie jedes Wort Ihres Satzes mit Bedeutsamkeit aussprechen. Nach der dritten Wiederholung gehen Sie aus dem Raum und denken Sie nicht mehr darüber nach.
Jeden Tag wenn Sie an der Zeichnung vorbeigehen (je häufiger, desto besser), saugen Sie die Symbole mit voller Absicht und voller Bedeutung auf, begreifen Sie exakt die Aussage jedes einzelnen. Jedes Mal, wenn Sie dies tun, tränken Sie Ihre ursprüngliche Absicht mit Chi. Dieses Chi geht hinaus ins Universum und erschafft Realität aus symbolisierten niedergeschriebenen Gedanken.

Nach ungefähr einem Monat werden Sie am dem Blatt Papier vorbeigehen und Sie werden eine deutliche Abstoßung vom Pentagramm bemerken. Das bedeutet, dass das Pentagramm vollkommen mit Energie aufgeladen ist und schließlich bereit ist, freigegeben zu werden. Wenn Sie an jenem Moment angekommen sind, stellen Sie sich vor Ihr Pentagramm und intonieren Sie Ihren Wunschsatz abschließend drei Mal, blicken Sie auf jedes Symbol und wissen Sie, was sie bedeuten. Nach der dritten Intonation, werfen Sie Ihre Arme in die Luft und schreien Sie laut „So sei es!" und fühlen Sie eine große Befreiung von Energie aus den Symbolen und der Zeichnung in die Wirklichkeit drängen und letztlich Gedanken sich in der Wirklichkeit manifestieren. An diesem Punkt wird sich die Zeichnung entleert und ohne Energie anfühlen. Dies ist so, weil die ganze Absicht und alles Chi zum Schluss entwichen ist und jetzt aktiv das Realitätsgefüge nach Ihren Plänen manipuliert. Verbrennen Sie die Zeichnung gänzlich nach oder auch während des Ausrufes um ihre Erfüllung, und erwarten Sie in dankbarem Wissen das Resultat am genauen Tag Ihrer Bitte.

Variation der Übung den Pentagrammzauber

Nach den Büchern „Leben und Lehre der Meister im Fernen Osten" sollten Sie das Wie, Wann und Wo der universellen Intelligenz überlassen. Die Begründung ist, je mehr universelle Kreativität und damit Erfüllungswege Sie offen halten und nicht durch z. B. einen genauen Zeitpunkt beschränken, umso mehr kreative Energie kann die Wahrscheinlichkeit einer Erfüllung erhöhen! Diese Variante bedarf noch genauerer Untersuchungen, testen Sie bitte selbst aus, welche für Sie am besten funktioniert.

Bewertung dieser Technik: Der Pentagrammzauber ist kein wirklicher Zauberspruch im Sinne des Wortes, da er nur mit Gedanken arbeitet. Seine Ausübung und der psychologische Hintergrund jedoch machen einen Erfolg wahrscheinlich, bei ernsthafter Ausführung.

Schlussbemerkung: *Meistern Sie diese Technik.* Diese Methode verspricht eine 70%ige Erfolgsrate.

Kosmische Energie tanken

Ein professionelles Medium, David St. Claire, stieß auf eine andere einfache Technik des Anzapfens Kosmischer Kräfte, um große Mengen Energie zu entfesseln, zum Beispiel für eine direkte Veränderung der Umwelt. Die Kosmische Kraft besitzt viele Namen. Christen nennen sie Gott. Buddhisten nennen sie Buddha. Wissenschaftler nennen sie Uni-

verselle oder Intelligente Energie. Gleich wie Sie sie nennen mögen, ob Gott, Liebe, Natur oder das Innere bzw. Höhere Selbst, dies sind alles Ausdrücke desselben. Um religiöse Neutralität aufrechtzuerhalten, lassen Sie uns auf das universelle Überbewusstsein als die Kosmische Macht beziehen. Atheisten können diesen Abschnitt ignorieren, jedoch zu ihrem großen Nachteil. Von unseren praktischen Versuchen aus betrachtet, ist das die Technik, die dauerhaft Resultate bringt.
Religiöse Menschen kommunizieren normalerweise mit Gott durch Gebete und wenn Sie es richtig machen, neigen Gebete dazu, beantwortet zu werden. Es gibt viele Wege Ihre Wünsche zu formulieren und der Kosmischen Macht Lobpreisungen darzubieten, aber haben Sie bemerkt, dass die Gebete einiger Menschen öfter erhört werden als die von anderen? Sie haben intuitiv eine wirksame Weise entdeckt, wie man seine Wünsche anbringt und sich an die immerwährenden Energien anschließt.
Gemäß David St. Claire gibt es ein besonderes Verfahren, die Kosmische Kraft anzuflehen, eine Bitte zu gewähren. Sie werden entdecken, wie einfach es mit gerade dieser Technik ist, Ihr Leben umzugestalten. Sobald Sie dieses System anwenden, um Ihr Leben zu bereichern, werden Sie realisieren, wie unentbehrlich es für Ihre alltägliche Existenz ist.
Nehmen Sie jedoch zur Notiz, dass die Kosmische Kraft-Technik nicht für Ungerechtigkeiten verwendet werden sollte. Ich empfehle, dass Ihre Absichten rein sind und dass Sie die Erfüllung Ihres Wunsches wirklich verdienen. Erwarten Sie nicht, dass die Kosmische Kraft Ihre eigenen natürlichen Gesetze verletzt. Dies wäre vergleichbar damit Gott zu bitten, andere Götter anzubeten.

Prägen Sie sich jetzt die folgende Phrase ein:

„Ich rufe die kosmische Macht
(oder Gott oder auch einen seiner Vertreter) an,
in mein Sein zu kommen
mit der Bitte um Stärke, Schutz und Führung.“

Das ist die magische Wendung, die Sie benutzen müssen, um sich in die Frequenzen und Energien der Kosmischen Kraft einzustimmen.

Wissend, dass diese Phrase der erste Schritt ist, sich selbst auf die Frequenzen der Universellen Intelligenz einzustimmen.

Alternativ hat sich auch folgendes Kredo als sehr effektiv erwiesen:

„Ich bete zu Gott, meinem Gott, dem Allerhöchsten!"

Und konzentrieren Sie sich dabei auf einen Punkt Ihrer Wahl, zum Beispielauf eine Blume, einen schönen Gegenstand oder ein spirituelles Symbol wie einer Pyramide. Wenn Sie sich nach dem ernst gemeinten verbalen Ausspruch dieser Phrase einige Minuten erlauben sich mit der Göttlichen Energie zu vereinigen, es genügt dabei die Vorstellung, so werden Sie nach ausdauernder Übung ein Sie durch und durch überströmendes Glücksgefühl empfinden, welches für Ihren eigenen Körper und Geist äußerst heilsam wirkt und für Manifestationen und auch die Heilung anderer genutzt werden kann. Falls Sie lernen wollen, mit heilsamer Energie aus der wohl intensivsten Quelle zu arbeiten, empfehlen wir Ihnen ein Schamanen-Seminar von SEROS.

Nun zu den Hauptbestandteilen: Stehen Sie gerade mit den Füßen in Schulterbreite und Ihren Hände zum Gebet in den Himmel erhoben. Schließen Sie Ihre Augen. Atmen Sie tief und langsam zehn Mal ein. Beim zehnten Atemzug atmen Sie ein und sagen Sie „Ich rufe die Kosmische Macht an und lade sie in mein Sein ein", dann machen Sie eine Pause, atmen aus und verkünden Sie dann „und bitte um Stärke, Schutz und Führung." Seien Sie sich während Ihrer Proklamation der Bedeutung jedes Wortes bewusst. Sie müssen die Zusammenhänge der Worte Stärke, Schutz und Führung realisieren. Wenn Sie bloß die magische Phrase gedankenlos äußern, wird das System nicht funktionieren.
Sie müssen die Proklamation noch zwei Mal wiederholen, während Sie weiteratmen. Bei der dritten Aussage werden Sie etwas, außerhalb des Gewöhnlichen, erfahren. Sie können vielleicht Elektrizität Ihr Rückgrat hinabfließen spüren. Der Boden unter Ihnen mag erbeben. Wärme oder Kälte können sich über Ihren Körper ausbreiten. Es gibt einen Grund dafür. Durch das Stehen, die Atmung, das Senken Ihrer Gehirnwellen und das Proklamieren der magischen Phrase haben Sie sich auf natürliche Weise an die Gott-Energie angeschlossen und befinden sich mit ihr auf einer synchronen Ebene. David St. Clair vergleicht es mit der Ein-

stimmung eines Radios auf eine spezifische Megahertz-Frequenz. Sobald Sie sich nach diesen höheren Energien ausgerichtet haben, wird das Senden Ihrer Bedürfnisse an die Kosmische Macht leicht. Ein wichtiger Punkt: Es ist nicht der magische Spruch selbst, vielmehr der Gedanke und die Bedeutung hinter dem magischen Spruch, der die Verbindung mit der Kosmischen Kraft erzeugt. Deshalb muss große Wichtigkeit in die Bedeutung gelegt werden. Fühlen Sie und geben Sie die Absicht der magischen Phrase frei, während Sie sie laut verkünden.

Das Erzeugen einer Verbindung mit der Kosmischen Kraft ist die erste Hälfte der Sitzung. Die zweite Hälfte ist der Teil, der Sie am meisten betreffen kann: Das Bitten. In der Stille Ihres Geistes erbitten Sie von der Kosmischen Kraft genau, was Sie sich wünschen, wo Sie es brauchen, wann Sie es wollen und warum Sie es verdienen. Diese Elemente sind sehr bedeutsam. Während Sie sprechen, tun sie dies so bescheiden wie möglich und mit einem Ton, den Sie benutzen würden, wenn Sie sich mit einem alten Freund unterhalten. Vermeiden Sie pompöse Wörter und verzierende Bezeichnungen. Während Sie Ihre Bitte vorbringen, fühlen Sie, dass Ihr Wunsch auf einer höheren Ebene bereits bewilligt wurde. An diesem Punkt können Sie die Sitzung beenden, indem Sie der Kosmischen Kraft ehrlich für die Erfüllung einstiger Wünsche danken. Überkreuzen Sie Ihre Arme vor Ihrer Brust, wie Sie es schon bei Mumien gesehen haben. Nach David St. Claire befreit das die aufgestaute Energie.

Öffnen Sie Ihre Augen. Ihr Wunsch WIRD bewilligt werden, wenn Sie das Verfahren bis ins Kleinste ordnungsgemäß durchgeführt haben und eine starke positive Erwartung beibehalten.

Wichtige Anmerkung: Verändern Sie im Nachhinein nichts an Ihrem Wunsch! Wissen Sie innerlich, dass auf einer bestimmten Realitätsebene Ihr Wunsch bereits erfüllt worden ist, Sie nur noch Geduld wahren müssen, bis er auf der Ebene Ihrer Realität ankommt. Stellen Sie sich vor, Sie bestellen etwas, das Ihnen zugeschickt wird, je nach Entfernung und Größe kann es etwas dauern. Die Kunst ist, die Zwischenzeit mit dem Wissen zu überbrücken, dass es ankommen wird!

Bewertung dieser Technik: Die Kosmische Kraft-Technik erhielt massives Lob von Menschen, die die unterschiedlichsten Lebenswege eingeschlagen haben. Es erscheint ein mächtiger Weg zu sein, den Universellen Geist zu kontaktieren und Ihn um einen Gefallen zu bitten.

Schlussbemerkung: Wie Sie an diese Methode herangehen, hängt von Ihrem religiösen Hintergrund ab.

Kosmische Telepathie

Telepathie, Gedankenübertragung und emotionale Übertragungen können um ein Vielfaches mit der Kosmischen Kraft-Technik positiv beeinflusst werden. Wieder warnen wir Sie vor jedem unethischen Missbrauch dieser Technik. Gebrauchen Sie dieses System NICHT, um andere zu etwas gegen ihren Willen zu verführen. Es wird sich gegen Sie wenden. Kosmisch geladene Telepathie verlangt nur sehr geringe Bemühung und führt zu überraschenden Ergebnissen!
Zum Zwecke der Illustration nehmen wir an, dass Sie sich eine Verabredung mit einer Frau oder einem Mann wünschen.[15] Rufen Sie die Kosmische Kraft in sich mit der vorherigen Methode. Bitten Sie die Kosmische Kraft um Ihr Eingreifen. Sie könnten die Allgegenwärtige Intelligenz um eine Chance bitten, Ihre Traumdame zu treffen und dass Sie herzlich empfangen werden. Gestalten Sie den Wunsch ebenso ausführlich, wie bescheiden und mit so viel Herzblut wie möglich. Vermischen Sie Ihre Emotionen mit positiven Erwartungen, dass Ihr Wunsch bewilligt wird.

Sie haben den ersten Schritt vollendet. Der nächste erfordert ein wenig Vorstellungskraft.
Mit Ihren noch geschlossen Augen atmen Sie drei Mal tief ein. Während Sie dies tun, fühlen Sie die Energieflut von der Kosmischen Kraft Ihren Körper erfüllen. Ihr Körper kann ein heftiges Erschauern erleben, als ob Eis Ihr Rückgrat hinabfließt. Sie haben sich an das grenzenlose Energiereservoir angeschlossen.
Sehen Sie jetzt die Person vor sich. Geben Sie Ihrer Vorstellung so viel Dreidimensionalität wie Sie können. Vielleicht können Sie sie sitzend und in vertrauter Umgebung sehen. Halten Sie jetzt mit Ihren geistigen

---

[15] Dies ist eine neutrale Bitte und daher moralisch problemlos.

Händen den Kopf des Ziels und sehen, wie Ihre Daumen leicht die Stirn berühren, vorzugsweise ihr drittes Auge.
Blicken Sie tief in ihre Augen und sagen Sie ihr „(Name der Person) dies ist (Ihr Name). Ich habe an Sie gedacht und ich will Sie unbedingt treffen. Gehen Sie bitte mit mir aus. Ich würde es lieben, wenn wir gemeinsam eine schöne Zeit verbringen würden. Sie würden meine Gesellschaft genießen. Wir hätten viel Spaß zusammen."

Wiederholen Sie Ihre Botschaft viele Male voller Emotion mit ehrlicher Absicht. Vergessen Sie nicht Ihren Namen am Ende sowie den Namen ihres Zieles zu Beginn zu erwähnen. Dies soll sicherstellen, dass Botschaften nicht verwechselt werden.
Während Sie Ihre Nachricht senden, fühlen Sie all die zurückgehaltene Energie Ihre Arme hinabfließen, in Ihre Hände, in die Stirn Ihrer Zielperson. Die Chi-Energie und Kosmische Energie, die Sie in Ihrer Halluzination senden, verschmelzen mit den echten Gedanken des Ziels und pflanzen sich durch den Raum bis zu der Person fort, die Sie zu beeinflussen versuchen.
Diese Energien fördern den telepathischen Gedanken um 100% und garantieren, dass Ihre Nachricht ankommt, was auch immer sie in diesem Moment gerade tut.
Nach einigen Minuten werden Sie einen Rückstoß der Energie fühlen und eine innere Stimme wird Ihnen sagen, dass die Botschaft übermittelt wurde oder Sie spüren ein wachsendes Kribbeln in Ihren Händen. Dann können Sie aufhören zu senden.
Danken Sie der Kosmischen Kraft, kreuzen Sie Ihre Arme, öffnen Sie Ihre Augen und erwarten Sie einen Telefonanruf. Die telepathische Kosmische Kraft-Technik ist auch in anderen Situationen hoch wirksam. Ob Sie um eine Gehaltserhöhung bei Ihrem Chef ersuchen wollen, dass Ihr(e) Geliebte(r) treu ist oder ob Sie einen Feind abschrecken wollen, Sie müssen nur eine emotional geladene Botschaft formulieren und Sie abschicken. Wenn Sie die Nachricht fühlen und sehen können, umso mächtiger wird Ihre Übertragung sein.

Erwarten Sie nicht, dass die telepathische Übertragung erfolgreich ist, wenn Sie Nachrichten schicken, die emotional nicht empfunden oder visuell gesehen werden können. Wenn Sie Ihrer Freundin während einer Prüfung zu senden versuchen „Die Antwort ist 238912 mal 3341

und die Quadratwurzel von 8121", werden Sie enttäuscht werden. Es gibt nicht genug emotionales und visuelles Material, das Ihr Geist benutzen kann, diese Art Nachricht zu senden.
Wir haben dieses Verfahren über ausgedehnte Entfernungen versucht, um Bruchstücke von Gefühlen zu überbringen. Die Technik hat bei uns noch nie versagt.

Bewertung dieser Technik: Die Kosmische Telepathie erhielt deutliches Lob von Menschen, die die unterschiedlichsten Lebenswege eingeschlagen haben. Es erscheint ein mächtiger Weg zu sein, den Universellen Geist zu kontaktieren und ihn um einen Gefallen zu bitten.

Schlussbemerkung: Wie Sie an diese Methode herangehen, hängt von Ihrem religiösen Hintergrund ab.

Die Genitalatmung

Ein Beitrag von Stefan Strecker

Das Hauptreservoir Ihrer sexuellen Energie liegt im Unterleib zwischen Bauchfell, Perineum und den äußeren Hüftknochen. Da dieser Bereich in der Regel eher verspannt und energetisch nicht im freien Fluss ist, wird Ihnen diese Technik sehr helfen, wieder die durch Konditionierungen gesetzten Staudämme vor dem reinen männlichen oder weiblichen Energiecharisma abzubauen und aufzulösen. Der Effekt wird Sie sehr erstaunen, da die so neu gewonnene Anziehungskraft einem frisch geöffneten Honigtopf gleicht, der nichts mehr tun muss, um die Bienen anzuziehen. Kein Honigtopf läuft den Bienen hinterher – wenn Sie sich bisher so gefühlt haben, dann wissen Sie jetzt, warum.

1) Setzen Sie sich bequem hin, Beine überkreuzt, am besten auf ein großes und flaches Kissen auf dem Boden oder eine gefaltete Decke. Ziehen sie die Pobacken leicht auseinander, so dass Sie deutlicher Ihre Hüftbeine spüren, auf denen nun ihr Gewicht ruht. Dies öffnet den Bereich zwischen Genitalien und Anus.
2) Richten Sie den Blick geradeaus auf den Horizont und lassen Sie die Augenlider zufallen. Atmen Sie durch die Nase ein und durch den Mund aus. Nur durch die Nase ein- und auszuatmen ist als zweite Wahl auch möglich, aber verwenden Sie keine reine Mundatmung.

Atmen Sie in etwa doppelt so lange aus wie sie einatmen, ohne den Atmen anzuhalten.

3) Während Sie durch Ihre Nase einatmen, stellen Sie sich im Geiste vor, dass Sie rotorange Energie durch die Spitze Ihres Steißbeins von unten kommend einatmen. Fühlen Sie eventuell vorher mit Ihrer Hand, wo genau dieser Punkt ist. Atmen Sie auch durch diesen Punkt nach unten wieder aus. Nehmen Sie mehrere Atemzüge.
4) Atmen Sie dann wieder durch die Spitze des Steißbeins ein, aber diesmal nach vorne in den Raum Ihres Unterleibs aus. Spüren Sie, welche Stellen an der Oberfläche und im Inneren dabei Empfindungen zeigen, gleich welche diese sein mögen. Es kann ein Drücken, Ziehen, Hitze, Kälte, Pulsieren, Stechen oder alles Mögliche sein. Beobachten Sie nur das Stechen, reagieren Sie nicht darauf und atmen Sie weiter entspannt in dem vorgegebenen Rhythmus. Lenken Sie Ihre Aufmerksamkeit auf alle Bereiche Ihres Unterleibs, erst großflächig, aber auch nur in der Größe eines Eurostücks oder noch kleiner. Sie werden auch Stellen haben, in denen Sie zunächst noch nichts spüren – halten Sie dort Ihre Aufmerksamkeit etwas länger und nach und nach werden Sie auch dort etwas empfinden.
5) Nach einigen Atemzügen (körperlich durch die Nase in die Lunge, mental durch das Steißbein in den Unterleib) atmen Sie aus der Tiefen vom Erdmittelpunkt, gefüllt mit der glühenden Hitze des Erdinnern, die frische Energie erneut durch das Steißbein ein und lassen Sie sie wie heißen Honig in den Unterleib fließen, sich in ihn Millimeter für Millimeter ergießen, bis die Kathedrale Ihres Unterleibs randvoll bis zum Bauchfell gefüllt ist. Dies kann einige Minuten andauern, je langsamer, umso intensiver wird es sein. Spüren Sie einige Augenblicke diese Hitze.
6) Danach wechseln Sie in den „Putzmodus“: stellen Sie sich vor, dass sie beim Einatmen alle angesammelte Energie in Ihrem Unterleib sammeln und beim doppelt so lange Ausatmen durch den tiefsten Punkt Ihres Rumpfes, dem Perineum, der Punkt zwischen Anus und Genitalien am Damm. Stellen Sie sich vor, wie Sie alle Verspannung, alle Bruchstücke und Überreste der energetischen Staudämme durch das Perineum und darüber hinaus abgeben. Beobachten Sie dabei Ihre Empfindungen in diesem Bereich. Atmen Sie so lange mit

dieser Vorstellung und den zugehörigen Empfindungen, bis Sie spüren, dass die Kathedrale des Unterleibs geleert ist.

7) Senden Sie abschließend Wertschätzung, Liebe und Dankbarkeit (wie in der vorbereitenden Ficus-Übung) in diesen Bereich. Sie wird wie ein feiner Duft die nun leere Kathedrale erfüllen, ohne den Raum zu schmälern und wirkt präventiv neuen Verspannungen entgegen.

Variation der Übung für die Genitalatmung

Nachdem Sie im ganzen Unterleib Empfindungen spüren können, ist es möglich, die Energie noch zu steigern, indem Sie in einen Pranayama-Atemrhythmus 1:4:2 wechseln, dass heißt zum Beispiel:

- 1 Sekunde einatmen,
- 4 Sekunden die Luft anhalten,
- 2 Sekunden ausatmen.

Je länger die Zeitdauer dabei ist, umso intensiver wird das energetische Empfinden. Ich empfehle Ihnen, langsam zu beginnen und auch die Langzeitwirkung zu beobachten, bevor Sie in einen tieferen Rhythmus wechseln.

Fortgeschrittenes Organfeuer

Diese Technik gleicht die Kraft der zwei Chakren oder Energiezentren in Ihren Handflächen aus. Auch wenn Ihr Ziel nicht direkt vor Ihnen stehen mag, werden Sie lernen, enorme Energiemengen auf ihre oder seine Sexualorgane zu übertragen und große Anziehungskraft auszulösen.

Halten Sie Ihre Hände vor sich, die Handflächen einander zugewandt. So wie in der Organfeuer-Technik beschrieben, aktivieren Sie jetzt die zwei Chakren, indem Sie sie zum Drehen bringen und reißen Sie sie dann im Geiste auf. Ihre Handflächen werden beginnen umgebendes Licht und Wärme aufzusaugen. Erlauben Sie fünf Minuten der Aufladung. Ihre Handflächen sollten hochrot, heiß und pochend werden. Versuchen Sie zu testen, ob sie bereits genug Energie getankt haben. Wählen Sie einen Ihrer Schenkel. Legen Sie eine Handfläche auf die linke Seite Ihres Schenkels und die andere auf die rechte Seite. Lassen

Sie jedoch Ihre Handflächen nicht Ihre Schenkel berühren! Geben Sie die Energie in Ihre Schenkel frei. Im Wesentlichen verpassen Sie Ihren Schenkeln eine doppelte Ladung. Während Sie die Energie einströmen lassen, sollten Ihre Schenkel zu zittern, und sich wegen der entgegengesetzten Polaritäten der Energie, die aus zwei Richtungen kommt, aufzuheizen beginnen. Dies erfordert einige Übung! Wenn sich Ihre Schenkel erhitzen, bedeutet das, dass Sie die vorangegangenen Schritte perfekt ausgeführt haben. Sie können die Verführung beginnen.
Laden Sie auf Ihre Handflächen wieder für fünf Minuten Energie und schließen Sie dann Ihre Augen. Dieses Mal stellen Sie sich vor, dass Ihr Ziel vor Ihnen steht, nackt. Sehen Sie Ihrer Zielperson nicht ins Gesicht, sondern von der Seite. Das bedeutet, dass Sie ihre Schultern, das Profil ihres Kopfes und die Seite ihres Körpers sehen können. Legen Sie jetzt eine Hand vor ihre Genitalien und die andere Hand hinter ihre Genitalien. Wie zuvor Ihr Schenkel, befinden sich jetzt die Genitalien Ihrer Zielperson zwischen Ihren Handflächen.
Geben Sie die Energie frei und sehen Sie rotes, glühendes Licht in sie einfließen. Während Sie das tun, sehen Sie ihre Genitalien sich rot glühend aufheizen. Die Genitalien sollen sichtbar pochen. Sehen Sie Feuchtigkeit oder Erektion. Erhalten Sie wie immer eine klinische Betrachtungsweise aufrecht, um mühelose Energieübertragung zu gewährleisten. Widerstehen Sie einer Erregung jeglicher Art. Innerhalb von maximal zehn Minuten, für Geübte weniger, wird Ihre Energie völlig freigegeben werden und die Zielperson wird eine gewollte, angenehme und offene Haltung einnehmen. Wenn genug Energie kanalisiert wird, kann der Empfänger den Sender der Chi-Energie sehr interessant und anziehend finden. Ihre nachfolgenden Gedanken werden mit warmherzigen Bildern von Ihnen bombardiert. Dies ist der perfekte Augenblick, um ein Gespräch zu beginnen. Rufen Sie sie an!

Bewertung dieser Technik: Das fortgeschrittene Organfeuer arbeitet gut über große Entfernungen und wurde die Lieblingstechnik vieler Anwender.

Schlussbemerkung: *Meistern Sie diese Technik.* Diese Methode verspricht eine sehr hohe Erfolgsquote.

Organfeuer 2.0: Anreicherung mit Elementen

Ein Beitrag von Stefan Strecker

Da sie mittlerweile fähig sind, einige Energieabläufe in Ihrem Körper zu empfinden und richtig zu deuten, gebe ich Ihnen eine interessante Erweiterung, die ich erst in den letzten Monaten entwickelt habe.
Je nachdem welches Ziel Sie mit dem Organfeuer verfolgen, ändert sich die Nutzung des hier jeweilig angesprochenen Elements. So ist bei einem Sonnenbrand eher das Wasserelement vonnöten, während bei der Erotisierung das Feuerelement benötigt wird. Erforschen und überlegen Sie selbst, bei welcher Beeinflussung des körperlichen Empfindens, welches der vier Elemente am deutlichsten eine Wirkung haben wird.

Nehmen wir an, Sie wollen auf eine Entzündung oder einen Sonnenbrand Einfluss nehmen. Die erste Frage, die Sie sich stellen müssen ist, welche(s) Element(e) bewirken eine Veränderung zur Gesundheit hin? Da die Rötung der Haut und die brennende Empfindung dabei, auch mit einer Hitze im ganzen Körper = Fieber klar auf das Element Feuer hindeutet, ist das Gegenteil anzuraten. Wählen wir diesmal das Element „Wasser“, um Einfluss zu nehmen. Die nächste Frage, die Sie sich stellen müssen, ist: wo im Körper der Person oder auch in Ihrem eigenen Körper ist dieses Element im Übermaß vorhanden? Lassen Sie sich auch von Ihrem Instinkt leiten. Falls Ihnen dies zu Beginn nicht gelingen sollte, können Sie auch logisch/organisch vorgehen. Ideal ist es, eine Körperstelle außen oder im Inneren zu finden, die dem akuten Problem energetisch entgegengesetzt zu sein scheint. Dies wird dann ideal ein Ungleichgewicht wieder in die Waage bringen und Sie haben zwei Fliegen mit einer Klappe geschlagen; während die logische/organische Wahl, in diesem Fall die Nieren, dieses unverändert beibehalten.
Als Anfänger empfehle ich Ihnen, je eine Hand auf oder knapp über den jeweiligen energetischen Pol zu legen. Haben Sie Sonnenbrand auf der Schulter, platzieren Sie eine Hand knapp darüber, während sie die andere auf die Körperstelle legen, die am meisten das Element Wasser beinhaltet. Setzen Sie eine deutliche Absicht im Geist, diese Elemente miteinander zu verschmelzen und eins werden zu lassen, um wieder Gesundheit zuzulassen. Nach der Formulierung Ihres Willens versu-

chen Sie, möglichst wenig und am besten gar nicht zu denken, sondern nur zu spüren, was passiert (wie in Phase 2 der spirituellen Yogaatmung!). Als Anfänger werden Sie vielleicht nichts oder nur wenig empfinden und verharren in dieser Position vielleicht 10-30 Minuten oder länger, während Fortgeschrittene darauf achten können, wann der Energiefluss abgeschlossen ist. Dies kann bereits nach wenigen Sekunden der Fall sein. Um einen abschließenden energetischen Punkt zu setzen, empfehle ich Ihnen, Ihre Aufmerksamkeit mit Wertschätzung oder Liebe (wie beim anfänglichen Ficus-Experiment) auf die betroffenen Stellen auszurichten und mit einem Augenblick in Dankbarkeit abzuschließen.

Fortgeschrittenen-Variation

Nicht nur das Zufügen des Gegenelements kann eine Wirkung haben, sondern auch der Entzug der Übersteigerung eines Elements. In diesem Fall ist es die Temperatur = zu viel Hitze. Ihr Instinkt kann Sie dabei am besten leiten, der einsetzt, sobald Sie aufhören zu denken. Alternativ können Sie auch Ihren Körper oder den der Person (z. B. bei einer Massage) abtasten und fühlen, wo die kühlste Stelle zu finden ist. Nehmen Sie diese Stelle als Ihre Quelle zur Verschmelzung der Energie.

Anwenderbeiträge zur psychomagischen Verführung

Einige geschätzte Kunden von Exceed International und SEROS haben die grundlegenden in diesem Handbuch enthaltenen Techniken modifiziert. Tests und Anwenderbefragungen haben die Wirksamkeit dieser Modifizierungen bestätigt. Dieser letzte Abschnitt diskutiert diese besonderen Taktiken.

Knell Young's Drittes Auge

Das Organfeuer kann Probleme für diejenigen bescheren, die eine Vagina nicht visualisieren können. Knell schlägt den folgenden Zusatz vor: Anstatt die Hand zu benutzen, um das Zielorgan zu erhitzen, verbinden Sie Ihr Bewusstsein des dritten Auges[16] direkt mit der Klitoris Ihres Ziels. Schließen Sie die Augen und stellen Sie sich vor, dass Ihre Augen Teiche roten Wassers sind. Erlauben Sie Ihren Augen, die Klitoris mit einer Welle erhitzten roten Wassers zu überschwemmen. Halten Sie eine klinische, ruhige, nichtsexuelle Herangehensweise aufrecht. Nach einem gewissen Zeitintervall wird die Klitoris oder der Penis der Zielperson auf die Flut der Energie reagieren und eine Anziehungskraft zum Anwender wahrnehmen.

Tim Gula's Stimmgabel

Tim modifizierte den Korrektor um schnell auf Theta-Zustände zuzugreifen. Versuche, den Korrektor abzukühlen, können durch die Vorstellung einer in die Stirn eingebetteten, schwingenden Stimmgabel vervollkommnet werden, die am Ende mit einem großen kalten Eiswürfel verschmolzen ist. Die Symbolik erleichtert das schnelle Zusammenziehen der Blutgefäße in dieser Region, was so die Hirntemperatur herabsetzt. Intensive Vibrationen des Körpers können auftreten.

---

[16] Das Energiezentrum direkt zwischen den physischen Augen.

Angel's Telefonnummer

Angel fand heraus, dass es mittels folgender Technikabwandlung sehr leicht ist, den Wunsch zu übertragen, von der Zielperson angerufen zu werden! Angel hat entdeckt, dass man, nachdem man einen tief entspannten Zustand erzeugt und ein realistisches 3D-Abbild der Zielperson beschwört hat, sich einfach zum Ohr der im Geiste vorgestellten Person hinüberlehnen kann und beharrlich zu flüstern beginnt, zu Hause angerufen werden zu wollen. Wenn Sie dies mit Absicht und Vertrauen tun, wird Ihre Zielperson Ihren „spirituellen Anruf" beantworten!

Massimo Tira's Klitoralmethode

Massimo Tira mischte einige Prinzipien von Knell's Drittem Auge mit der Standard-Organfeuertechnik. Mit der Annahme, dass die Klitoris einfacher zu stimulieren ist, als der gesamte Unterleib (laut Knell), schlug Massimo vor, dass das psychische Organfeuer viel schneller durch eine geistige und konzentrierte Verbindung zwischen der Klitoris und der eigenen Fingerspitze angewendet werden kann. Das Folgende sind seine Vorschläge:

1) Stellen Sie sich die Spitze Ihres Zeigefingers als die Klitoris oder die Eichel des Penis der Zielperson vor und konzentrieren Sie sich dann darauf, sie zu erhitzen. Wie beim Organfeuer müssen Sie sich einfach das Gefühl der Hitze vorstellen, die in Ihre Fingerspitze dringt.
2) Die Zeigefingerspitze wird schließlich heiß und pochend werden. Gleichzeitig wird die geistig mit der Fingerspitze verbundene Klitoris oder der verbundene Penis sich mit Blut füllen. Massimo schlägt dann vor, sich vorzustellen, dass die Fingerspitze sich physisch rötet und ausdehnt. Die Klitoris oder der Penis können zu dieser Zeit bereits leicht vor Energie pulsieren.
3) Um die Sitzung zu vollenden und die psychische Übertragung der Energie zu verstärken, kann der Verführer sich die Spitze mit explosionsartigen Blitzen roten Lichts, wie in einer Plasmakugel, vorstellen. Jener endgültige Ausbruch der Energie versorgt den notwendigen Schub, der die Botschaft ankommen lässt. Erwarten Sie, dass

Freundlichkeit und Rapport anfangen werden, sich aufzubauen, selbst wenn es nur wenig oder keine sexuelle Erregung geben wird.

4) Wie bei den vorherigen Techniken wird der psychische Rapport sich am stärksten einstellen, wenn der Verführer einen niedrigen Gehirnwellenzustand im Alpha oder niedrigerem Niveau aufrechterhält. Was impliziert, dass Sie sich nicht erregen dürfen. Nähern Sie sich stattdessen der Sitzung klinisch wie ein Arzt. Erregung löst jede psychische Verbindung!

Jonathan Goldman's Meridianschwert

Jonathan teilt uns eine Technik mit, die Wahrscheinlichkeit einer telepathischen Übertragung zu erhöhen. Seine Methode gilt nicht der Verführung, sondern zur Überredung bei Verkaufsgesprächen. Nach Thor entdeckten die Chinesen, dass zwei Hauptenergiebahnen den Körper durchziehen. Eine Chi-Bahn geht vom Nabel bis zu den Lippen. Die andere geht von der Rückseite des Halses zur Basis des Rückgrats. Die Energie fließt entlang dieser Hauptversorgungslinien in der vorher erwähnten Richtung die Lebensenergie zu verschiedenen Teilen des Körpers leitend.

Durch vorübergehendes Umkehren des Flusses der Energie, die entlang dem Frontmeridian fließt, entsteht eine kurzlebige Verwirrung (für ungefähr 5 Sekunden) und in jener Verwirrung ist die psychische Empfänglichkeit verstärkt. Die Strategie ist folglich, den Fluss umzukehren, dann den psychischen Gedanken zu übertragen.

Das Umkehren des Flusses ist einfach. Stellen Sie sich einfach ein Schwert haltend vor, mit dem Sie abwärts schlagen, von der Nasenspitze Ihres Ziels eine Kerbe bis hinunter zum Nabel schneidend. Diese Symbolik kehrt den Fluss um und öffnet das Ziel für eine psychische Übertragung.

Den Gedanken zu übertragen ist dann einfach. Verschieben Sie zuerst Ihr Bewusstsein und tun Sie so, als ob Sie das Ziel sind, idealerweise durch einen Theta- oder Alphaanker. Wenn Sie wollen, dass das Ziel von Ihnen kauft, rufen Sie mit geistiger Stimme aus: „Ich denke, dass ich das kaufen will!“ Wiederholen Sie den Gedanken oft, als ob Sie in diesen 5 Sekunden der Käufer wären. Der Gedanke wird mühelos übertragen.

Es gibt keine Garantie für eine 100%ige Wirkung, aber die Samen Ihrer unterschwelligen Suggestion sind verpflanzt und können helfen, das Ziel in die richtige Richtung zu leiten. Nach solch feiner Telepathie wird der Käufer Ihrem rhetorischen Spiel offener gegenüberstehen.

Diese telepathische Methode ist ein großartiger Weg, sich mit weit entfernten Freunden zu unterhalten. Stellen Sie sich einfach ihr/sein geistiges Abbild vor, schneiden Sie den Frontmeridian des Bildnisses auf und projizieren Sie liebevolle und freundschaftliche Gedanken. Er oder sie ist gezwungen, dies zu fühlen und plötzlich an Sie zu denken. Ich habe diese Methode versucht, während ich in der Schlange am Bankautomaten stand und war so erfolgreich darin, dass sich Fremde umgedreht und Hallo gesagt haben!

Gebrauchen Sie diese Technik weise!

Epilog

Die parapsychische oder psychomagische Verführung wurde als ein Werkzeug entworfen, um altes Wissen zu verbreiten, nicht als Mittel der Unterdrückung, sondern als ein Weg zur Entdeckung innerer vergrabener Schätze. Viele der beiliegenden Techniken sind von neutraler Natur, aber ihre Anwendung bestimmt letztendlich die endgültige Färbung. An diesem Punkt mögen Sie sich über die zahlreichen sexuellen Bilder von glühender Sinnlichkeit wundern, die sich durch das gesamte Arbeitsbuch ziehen. Auch wenn Sie den Geist Ihres Ziels mit solchen Gedanken bombardieren, wird sie oder er diese Bilder nicht wirklich „sehen", dass Sie sie gesendet haben. Das parapsychische Verführungssystem verlangt nach jenen lebhaften Bildern lediglich, die notwendigen geistigen und parapsychischen Gedankenverbindungen zu erschaffen. Was geschieht ist, einen geneigten und attraktiven Eindruck von Ihnen in ihrem oder seinem Geist zu erzeugen, wenn Sie die Verfahren in diesem Buch verwenden. Man wird Sie als sehr erotisch und charismatisch wahrnehmen. Das ist so, weil Sie ihre feinstofflichen Zentren der Leidenschaft spirituell berührt haben. Erwarten Sie ansonsten nicht, dass sie tatsächlich die erotischen Bilder sieht, die Sie senden.

Parapsychische Verführung, als ein umfassendes Gedanken- und Energieübertragungssystem, ist aber keineswegs ein direktes Geist-Kontrollsystem. Anwender dieser Kunst haben herausgefunden, dass ein Auferlegen ihres Willens und völliges Kontrollieren anderer mit jedem System der Beeinflussung unmöglich ist. Parapsychische Verführung dient eher, um die Übertragung sehr gefühlvoller Gedanken zu erleichtern. Wenn der Empfänger in einer neutralen Position ist, kann die Gedankenübertragung jede zunächst neutrale Begegnung leicht in eine geladene Atmosphäre der Verbundenheit umgestalten... vorausgesetzt, dass der Geist des Ziels die ankommenden Gedankenformen nicht bewusst zurückweist.

Kombinieren Sie die parapsychische Verführung mit NLP und anderen Verhaltensstrategien zur Rapportherstellung, um Ihr soziales und verführerisches Potential zu maximieren! Zur Vertiefung und Erfolgsmaximierung empfehlen wir Ihnen, das gleichnamige Seminar zu besuchen und sich in der kunstvollen Rhetorik der NLP-Verführung zu trainieren. Mehr Informationen erhalten Sie unter www.stefanstrecker.de!

Anhang - Quellenangaben zu den Kapiteln

Psychische Verführung: Die Basis dieser Arbeit beruht auf dokumentierten Aufzeichnungen von Gedankenkontrolle durch Visualisierung, die in verschiedenen deutschen Orden im frühen 12. Jahrhundert praktiziert wurde. Zur Zeit des religiösen Aufstandes und im folgenden industriellen Zeitalter ist viel von dieser Kenntnis verloren gegangen. Die Geschichte bezeugte ihren Aufschwung wieder im 18. Jahrhundert, dieses Mal in Russland. Unbewiesene Quellen berichten von Mönchen, die verbotene Bücher über geheime Künste mit sich trugen, wissenschaftlichen Erfindungen, orgone Technologie und über ein spezialisiertes System der Landwirtschaft. Diese Bücher wurden aus Gewinnzwecken an einen Dr. Trotsky verkauft.
Weitere Quellen waren spirituelle Yogapraktiken, Techniken von Eingeborenenstämmen aus dem Amazonas, Prana-Heilung, spezielle NLP und Schamanen-Seminare sowie die Magie der Kahunas. Inspirationen erhielten wir von der Silva-Mind-Technik der School Of Life, dem Weltenreisen und diverser bekannter und weniger bekannter einschlägiger Literatur.

Organfeuer I und II: Das OF wurde zufällig entdeckt. Die Autoren haben in der Vergangenheit mit pranischem Heilen gearbeitet und sind auf die positive Korrelation zwischen assoziierten Körperteilen und äußeren Objekten gestoßen. Nachdem eine Verbindung zwischen eigenen Körperteilen und Fremdkörpern hergestellt ist, benötigt man nur einen konzentrierten Willen, um die psychische Manipulation zu bewirken.

Fortgeschrittene parapsychische Verführung: Die Autoren entwickelten die fortgeschrittene parapsychische Verführung mit Hilfe der folgenden Ressourcen:

- Strenge Projekte mit Gedankenexperimenten.
- „The Unseen World“ von Barbara Stabiner.
- „Iron Shirt Chi Kung“ von Mantak Chia.
- David St Claires Lektionen in sofortiger ASW von David St. Claire.
- Scott Smith stellte unschätzbaren Einblick in die parapsychischen Fährtenleser bereit.
- Verschiedenartige NLP und Verhaltensressourcen.
- Weitere Bücher und Seminare, die Sie unter www.stefanstrecker.de einsehen können.

Aura-Feuer: Die letzte Technik ist eine persönliche Methode, entwickelt von Joseph Plazo in seinen Hochschultagen, als Wicca, Yoga und TM sein brennendes Hobby waren.

Spirituelle Yogaatmung: Diese Atemtechnik, auch eine Form des Pranayama, wird bei den Energieheilungs-Seminaren von „Menkind Enlightenment Love“ zum Einstieg gelehrt, um die Chakren offen zu halten. Wer sich für Heilung mit Energie interessiert, dem kann ich die dort gelehrten Techniken sehr empfehlen. Ich halte sie für wesentlich effektiver als z. B. Reiki.

Aktuelle Forschungen: Mehr von unseren Verfahren und aktuelle Diskussionen können Sie in folgenden Archiven finden: UltimateSeduction@yahoogroups.com, www.ultrapsy.de und www.stefanstrecker.de

Empfohlene Literatur: Neben den Literaturhinweisen auf den letzten Seiten dieses Buches finden Sie unter www.stefanstrecker.de und www.psychomagie.de eine Fülle von aktuellen Empfehlungen zu diesem und artverwandten Themen. Für neuere Produkte, Seminare und spezielle Ausbildungen besuchen Sie unsere Websites: www.mindcontrolseduction.com, www.stefanstrecker.de, www.ultrapsy.de, www.xtrememind.com

Unsere Seiten bieten Foren, E-Gruppen und schwarze Bretter für denjenigen an, der danach strebt, ein Meister der geheimen Künste zu werden. Ihre Gedanken werden hochwillkommen sein!

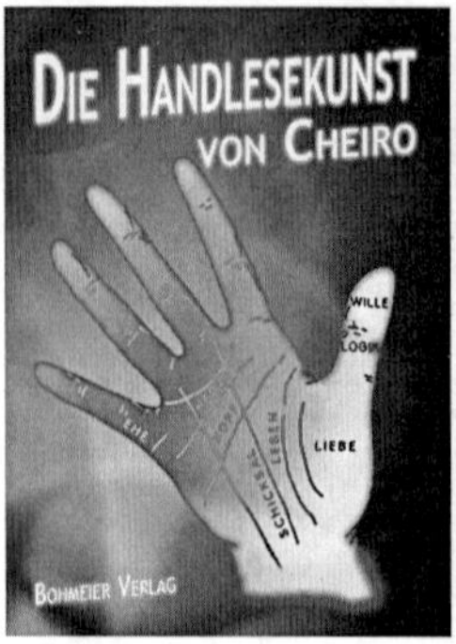
DIE HANDLESEKUNST
VON CHEIRO
BOHMEIER VERLAG

High werden ohne Drogen
Ein Bewusstseinserweiterndes Handbuch
von Frederick E. Dodson
Bohmeier Verlag

KRAFTTIERE
Die unsichtbaren Begleiter
von Tanja Schröder
Bohmeier Verlag

Das Geheimnis der Dualseelen,
Seelengefährten und Seelengeschwister
von Sandra Ruzischka
Bohmeier Verlag

Des Teufels Apokryphen
Zu jeder Geschichte gibt es zwei Seiten
von John A. De Vito
Bohmeier Verlag

Sternentore
Die rätselhafte seehste Dimension

Die Entsäuerung des Körpers
in 10 Schritten
Der ultimative Jungbrunnen und Schlankmacher!
Das Säure-Basen-Gleichgewicht
Anleitung zur Ausschwemmung krankmachender Säure
Bohmeier Verlag
von Patrizia Pfister

Die geheimen Botschaften,
Manuskripte und Schätze der Templer
in RENNES - LE - CHATEAU
Die Auflösung des kosmischen Geheimnisses
das bisher nur Eingeweihten vorbehalten war
von Monika Hauf

Das Buch der
Werwölfe
von Sabine Baring-Gould
Bohmeier Verlag

Küchenmagie
von Sor. Conata
Bohmeier Verlag